今野真二
Shinji Konno

うつりゆく日本語をよむ

——ことばが壊れる前に

岩波新書
1907

はじめに

本書のタイトルを「うつりゆく日本語をよむ」とした。言語は時間の経過とともに必ず変化する。日本語も例外ではない。「うつりゆく日本語をよむ」というタイトルは日本語の変化を観察するということを想起させるだろう。そういう面はもちろんあるが、気分はもう少し切迫している。それが副題の「ことばが壊れる前に」だ。「ことばが壊れる」はもちろん日本語のことについてのことだから、こちらは穏やかではない。

「うつりゆく」はおもに、この五年間、長くても十年間ぐらいを観察してのことだ。この五年ぐらいの間に日常生活で見聞きする日本語が、どうもかつての日本語とは異なっているように感じることが多くなってきた。言語、日本語については、ああでもない、こうでもない、と考えることが多いので、最初はそのせいかとも思った。しかし、同じようなことを思っている人が少なくないことが、だんだんわかってきた。そうなると、気のせいではなく、なんらかの変化が、おそらく急速に起こっているということになる。本書では、そうしたことについて、できるかぎり具体的に、かつ冷静に述べていこうと思う。

少し幅はあるが、観察するのは「現在の日本語」ということになる。つまり、現在の日本語がどうなっているか、ということがテーマだ。「どうなっているか」は誰かが観察しなければわからない。その誰かが筆者ということで、他の人が観察すれば、「どうなっているか」という観察報告は別なものになるだろう。

言語はそれを使う人の集団によって「共有」されている。自分以外の誰も理解できないのであれば、それは言語とは認めにくい。日本語について考えてみよう。日本語を使う人の集団によって日本語が共有されている。さまざまな「日本語を使う人の集団」がある。大学生が友人と日本語で話をするとき、そこでは日本語が共有されている。大学生がコンビニエンスストアでアルバイトをする場面ではどうだろうか。年上の店長がいて、同年代の大学生がいて、高校生が何かを買いに来た。すべての人が日本語を使って話をしたとしよう。この年上の店長、大学生、高校生の間でも日本語が共有されている。社会はさまざまな年齢の人によって構成されており、そのさまざまな年齢の人が共有している日本語もあれば、同年代の間では共有されているが、年齢の離れた人には共有されていない日本語もある。しかしどれも日本語といってよい。このように言語「共有」には幅がある。多くの人に共有されている日本語も、限定された集団に共有されている日本語も、どちらも日本語だ。

ところで、二〇二〇年九月二十五日に文化庁が令和元(二〇一九)年度の「国語に関する世論調査」を発表した。「今の国語は乱れていると思いますか。それとも、乱れていないと思いますか」という質問に「非常に乱れていると思う」と答えた人が一〇・五パーセント、「ある程度乱れていると思う」と答えた人が五五・六パーセントで、この二つを「乱れていると思う」とくくると、そう思っている人が六六・一パーセントいることになる。「余り乱れていない」二七・八パーセント、「全く乱れていない」二・四パーセントの合計は三〇・二パーセントであった。平成十四年度の調査では「現在使われている言葉は乱れていると思いますか」という質問であったが、「乱れていると思う」が八〇・四パーセント、「乱れていないと思う」が一七・〇パーセントで、平成十四年度の時点で「乱れていると思う」と回答した人が一四ポイント以上多い。「非常に乱れていると思う」も平成十四年度の時点で一三・九ポイント多い。この数値は、一見「じゃあ、令和元年度のほうが日本語が乱れていないんだ」とみえるが、質問は「どう思うか」であるので言語使用者がどう感じているかをきいていることになる。「どう感じているか」は「感じ」なので「実態」とは異なることも当然ある。筆者はこの数値は言語使用者が「実態」になれてきていることを示しているのではないかと考える。

現在の言語生活は多様化し、後に述べるようなインターネット上の「打ちことば」を読む機会も多い。そうした中で、さまざまな日本語にふれ、「こうあるべきだ」という規範的な「心性」そのものが緩やかになってきていることのあらわれであろうか。しかしそうはいっても、七〇パーセントちかくの人が、「共有」しているはずの日本語について「乱れている」と思っていることになる。

右の世論調査の問い「乱れていると思いますか」の「乱れている」は「乱れていない」状態があるということを前提にした問いにみえる。しかし、言語は時間の経過とともに変化する。これはいかなる言語でも同じで、言語は変化することからいわば逃れられない。「うつりゆく日本語」だ。言語変化は言語にとって「宿命」といってもよい。使っている人には「動き」が感じられなくても「つねに少しずつ動いている」といっていいかもしれない。

本書は現在の日本語が乱れているのではないですか、という主張をしているようにみえるかもしれない。しかし、それが述べたいことのすべてではなく、やはりまずは「現在こうなっているのではないですか」という筆者の観察を述べたいと思う。「そういえばそうだ」と思っていただけた場合に、「じゃあどうすればいいのだろう」という次の問いがうまれるだろうが、それは日本語を使う人それぞれがそれぞれの立場、考えに基づいて「どうするか」を考えていただければいいのだと思う。「ぴえん」なんて語は認めないぞ、ということではまったくないということは一言述べておきたい。

日本語を観察し、分析する、そこまでが本書の役割で、そこから先は日本語を使う人それぞれが決めること、あるいは自然に決まっていくことだと考える。本書では、「書きことばと話しことば」「表現の圧縮」「類推」「比喩」などを観点として、できるだけ総合的に日本語の表現をとらえ、現在の日本語がどのような状況にあると思われるかについて冷静に、穏やかに述べていきたいと思う。

目次

序章　日本語のみかた

序章では、本書を読み進めていただくために、本書で使う考え方の枠組みや用語について簡単に説明しておきたい。

「情」と「理」——情報を言語化する

他の人に何か伝えたいことがあるとする。それを「他者に伝えたい情報」と呼ぶことにしよう。「情報」というと、きちんとまとまったもののように思われるかもしれないが、まとまりのない、もやもやしたものもひとまず「情報」と呼ぶことにしたい。

この「他者に伝えたい情報」はそれが単純なものであれば、身振りで伝えることもできる。怒った時に、ドアをバタンと閉める。「ああ、怒らせてしまったな」とわかる。怒りという感情が「他者に伝えたい情報」であったとすると、それはちゃんと伝わっている。LINEでぷんぷん怒っているスタンプを送る。これでも伝わる。怒っている顔を紙にかいて見せる、怒って暴れている動画を送る、いろいろな方法がありそうだ。しかし、これは情報が比較的単純でわかりやすいから可能であるといってよい。

クラシックのコンサートに行って、ああいいコンサートだったな、ということを楽しい表情をしたスタンプで他者に伝えることはできる。しかしおいしいランチを食べた後に同じスタンプを使ってしまうと、コンサートでの楽しさとランチのおいしさとが同じスタンプで表現されていることになり、「楽しさ」と「おいしさ」との違い＝「差異」が表現できない。両者の違いを説明してくださいということになると、やはり言語による説明ということになるだろう。ただし、「他者に伝えたい情報」が、いつも、過不足なく言語化できるわけではない。「ことばでは表現できない何か」「ことばでは表現しつくせない何か」がある、と感じることは少なくない。「言語化できない何か」があると思っておくことも大事だ。筆者は「言語化できない何か」は「詩的言語」とかかわると考えている。

ここまで例にした「情報」は「情的な情報」といえよう。気持ち、感覚、感情にかかわる情報だ。しかし「情報」は「情的な情報」ばかりではない。「情理」という語がある。「情理」の語義は〈人情と道理〉であるが、「情報」には何らかのことがらを筋道を追って考える「理的な情報」もある。一つのエリアが質の異なる二つの要素に分かれている場合、二つの要素のバランスが大事であることが多い。右のモデルでは、「他者に伝えたい情報」という一つのエリアの内部が、（質と仮に表現しておくが）質の異なる「情的な情報」と「理的な情報」とに分かれていることになるので、そのバランスが重要になる。

「二つの要素」と説明したが、もちろん両者が截然と分かれるわけではない。「明日の天気は雨らしい」というように、ほとんど「情的な情報」を含まない情報もあるが、少し情的であったり、ほとんど情的であったり、何ほどかは「情的な情報」が含まれているとみるのが自然であろう。

「他者に伝えたい情報」を言語にするプロセスを「言語化」と呼ぶことにする。* 言語には「話しことば」と「書きことば」とがある。「言語化された情報」に音声によってかたちを与えるプロセスが「音声化」、文字によってかたちを与えるプロセスが「文字化」だ。「話しことば」「書きことば」は「他者に伝えたい情報」を盛る「器」と考えることにする。

＊ 本書でいうところの「情報」は、文において「客体的なことがら・事態をあらわす部分」にあたり、日本語学ではそれを「命題」「言表事態」と呼ぶ。「命題」すなわち「情報」を発話者がどのようにとらえているかということにも発話者はかかわっているし、その「命題」を「聞き手」にどのようにもちかけるか、ということにも発話者はかかわっている。前者は「命題めあてのモダリティ」、後者は「聞き手めあてのモダリティ」と呼ばれることがある。今ここでは、発話者が「情報」をどうとらえ、聞き手にどう持ちかけているか、ということではなく、「情報」がどのような「内容」であるかを話題にしたい。

具体と抽象――比喩表現について

「他者に伝えたい情報」が自身の思っているように他者に伝わることが理想だ。だから丁寧に説明する必要があるが、しかしまたなんでも丁寧に説明すればいいというものでもない。

筆者は、自身が勤務している大学で、ここ数年間「知的探求の方法」という科目を担当している。初年次教育のための科目で、大学生として必要なスキルの修得を目指している。その科目で、ほぼ毎年「花を言語化」するという課題を行なう。教室での授業では、実際に花瓶に花を生けて、花を見ていない人にもわかるように言語化するという課題だ。教室での授業ができなかった時は、花を描いた絵画の画像を使った。言語化した後に、履修者全員で、どの言語化がわかりやすかったかを討論したり、投票したりする。課題の前には、何も説明をしないので、履修者はとまどいながらも、いろいろと工夫をする。どんな花瓶で、花の大きさは何センチぐらいで、葉の色はこう、と具体的に細かく言語化する人もいれば、ヒマワリのような花で、それよりは少し小さい、というような言語化をする人もいる。

投票をすると、細かく言語化したものは案外評価されない。細かすぎて全体像がつかみにくいというのが理由だ。ほどほどに細かく、あとは全体がわかるような比喩を使っているものが概して評価が高い。

これが「具体と抽象」ということだ。「話しことば」でも「書きことば」でも、具体的な言語化と抽象的な言語化が、バランスよく織り込まれているとわかりやすい。「具体と抽象」は「部分と全体」ということでもある。部分だけをみていると全体がつかめない。全体しかみていないと、具体的な部分がわからない。

そして、うまく比喩表現を使うとわかりやすい。ただし、比喩はぴったりしていないと、かえってわかりにくくなる。たとえているものとたとえられているものとがきちんと平行関係にないと混乱する。比喩については第一章で詳しく述べる。

比喩表現は「わかっているもの・こと」で「わかっていないもの・こと」を説明することでもある。その言語を使用している人であれば、わかっていて共有されているもの・ことを使って説明する。だから、比喩表現は、共通する比喩ももちろんあるが、言語ごとに異なることが多い。比喩は「読み手」が読み解く必要がある。ということは、「書き手」と「読み手」とが比喩をめぐって何らかの情報を共有していなければ比喩そのものが成り立たなくなる。このことは、「圧縮」と「構造」を特徴とする「書きことば」に深くかかわると考えるが、それについては追って述べることにしたい。

言語態の差異――話しことば・書きことば・「打ちことば」

情報の言語化は「話しことば」から始まる。文字によってことばを記したものが「書きことば」だから、文字がなければ「書きことば」は始まらず、成立もしない。

日本列島上で集団生活が営まれた時点で、言語はあったと推測するのが自然であろう。集団生活をする以上、集団を構成する人々の間で、意思疎通を図る必要がある。身振り手振りのみであらゆる意思疎通ができるとは思いにくい。そうであれば、縄文時代にも、弥生時代にも言語はあったことになる。その言語が具体的にどのような言語であったかはわからない。しかし、現在使っている日本語につながる言語＝「原日本語」であったと推測することは、許されるだろう。その「原日本語」は「話しことば」としての日本語ということになる。

「話しことば」と「書きことば」とのもっとも違う点は、自然に修得できるか、できないかといってよいだろう。よく、言語は自然習得できる、というが、そういう場合の「言語」は「話しことば」のことだ。どんな言語にも「話しことば」と「書きことば」とがあるから、日本語使用者もそのことはわかっていると思うが、違いを意識する機会は案外少ないかもしれない。

筆者は明治の日本語を観察するために、かなりの数の、明治時代に書かれたはがきを所持しているが、その中に「謹賀新年／併祈高堂之万福」と印刷されている明治三十六（一九〇三）年一月一日の日付のある年賀状がある。「併祈高堂之万福」は「併《あわ》せて高堂の万福を祈る」を書いたものであろう。「高堂」は〈立派な家屋・立派な人の住む家〉のことであるが、そこから、そうした家に住む人を敬っていう語としても使われるようになった。「併祈貴家之万福」という表現もあり、定型表現といってよい。*

＊「手紙の書き方」を紹介する本は現在でも出版されている。明治時代にもそうしたものは少なからずあった。例えば、明治十二（一八七九）年に出版されている宇喜多小十郎輯『〔端書〕郵便一筆用文』もそうした本の一つであるが、収められている文はすべて「候文」である。冒頭に置かれた「新年祝の文」には「改暦之嘉瑞目出度申納候先以満堂御機嫌能御超歳大慶候」（改暦の嘉瑞《かずい》、目出度く申し納め候。先以て満堂、御機嫌よく超歳《ちょうさい》大慶に候）とある。

この年賀状の表には、大津郵便電信局の「請取人左ノ所へ移転候ニ付持戻リ候也」という紙が貼られているので、もしかするとこの年賀状はうまく届かなかったかもしれない。それはともかくとして、年賀状のことばはいわゆる「漢文」で、貼られている紙に書かれているのは、いわゆる「候文」である。現在は「あて所に尋ねあたりません」「あて名不完全で配達できません」といった文が貼付される。

「請取人」が「移転」しているから「持戻」った、と説明するのと「尋ねあたりません」と説明するのとでは、文の構造、そのもととなる発想、いずれにもかなりの違いがある。「言語表現のもととなる発想」「発想に基づいた言語表現の構造」はいずれも重要であるが、今ここではそれは話題にしないことにする。

ここでは、明治三十六年にはこういうところにも「候文」が使われていたことに注目したい。つまり、これが当時の「書きことば」の一つであった。しかし、「書きことば」として「候文」を使っているからといって、「候文」で話していたわけではない。明治三十六年二月には小杉天外の「魔風恋風」という小説が『読売新聞』に発表されている。

「あの、女子学院の生徒で、大変に英語の優《でき》る女《ひと》ですツて。ですからね、昨日なんかも、皇后陛下の御前に出てね、何か英語のお話を御覧に入れる予定《つもり》でしたツて……。」

「爾《そ》う、其様なに優るの？　だツて、未だ十五六にきや成ら無いつてぢやありませんか。」

右は「若い二人の看護婦」の会話という設定であるが、現代日本語にちかい「話しことば」を使っている。別の箇所では「巡査」が「今此処を通つちや可《い》かん」と言っている。いずれも「候文」ではない。このように、「書きことば」と「話しことば」とは言語のありかたそのものがかなり違っていた。「言語のありかたそのもの」を「言語態」と表現するならば、「書きことば」と「話しことば」は異なる言語態ということになる。

二つの言語態を接近させようというのが明治二十年頃から盛んになった「言文一致運動」であった。「言＝話しことば」と「文＝書きことば」を近づけようということであるが、接近は、「話すように書く」すなわち、「書きことば」を「話しことば」に近づけるという方向で模索され、明治四十年頃にはある程度の達成をみた、と考えられている。

「話しことば」と「書きことば」とは異なる言語態であるという認識は大事だ。先に述べたように、現在においては、「文＝書きことば」が「言＝話しことば」寄りにある。そのために、二つの言語態という感覚が曖昧になりやすい。

一九九五年あたりからインターネット環境が整い始め、それに伴ってまずはメールが使われ始め、さらにはＳＮＳが広く使われるようになり、最近では、いろいろなかたちで、インターネット上での「やりとり」が常態となりつつある年代が急激に増えてきている。

メールが使われ始めた頃に、手紙やはがきのような感じで、メールの文面を作った経験がある世代があるだろう。筆者もそうであるが、その頃は、メールはまだ「書きことば」寄りにあった。しかし、「つぶやき」を文字化するようになってくると、それは「文字化した話しことば」のようであり、そのうちに「話しことば」とも違う言語態を形成するようになったと思われる。二〇一八年三月に文化庁（文化審議会国語分科会）から「分かり合うためのの言語コミュニケーション（報告）」という報告書が出されており、「II　コミュニケーションをめぐる現代の課題」の「2　これからの時代のコミュニケーション」の「(5)手段や媒体の特性を意識する」には次のように述べられている。

話し言葉では、対面の会話のほか電話など、書き言葉では、通知文書や手紙、ファクシミリ、メモなど、そして、程度に差はあるが双方の性質を備え持つ「打ち言葉」では、電子メールやSNS、チャットなどの媒体が用いられている。（電子メールには、書き言葉の性格が強いものも多い。）これらの媒体には、やり取りにおける時間差の程度、一方向的か双方向的か、匿名で用いることができるかどうか、情報が不特定多数の人に広がりやすいかどうかなどにおいて、それぞれ特性がある。用いることのできる要素（表情、音声、文字、記号、絵文字、画像等）が異なるところも少なくない。

最近では相手の顔を見ながら話すことができるいろいろなツールもある。本書では電子メールやＳＮＳなどで使われていることばを新しい言語態と認め、「打ちことば」と表現することにする。「打ちことば」については第三章で詳しく述べることにする。

「話しことば」「書きことば」「打ちことば」三つの言語態の中、本書では「書きことば」を主な観察対象とする。それは、「書きことば」の変容がより大きく、時により深刻な状況にみえるからだ。なぜ、そう考えるか、が本書のテーマといってもよいので、それについては本書全体で述べていきたい。

受け手と「場」

言語の受け手と「場」に注目して、「話しことば」と対照しながら、「書きことば」について整理しておこう。「情報」には発信者と受信者とがいる。「話しことば」ではそれが「話し手」と「聞き手」で、「書きことば」ではそれが「書き手」と「読み手」ということになる。

「話しことば」においては、通常は「話し手」と「聞き手」とが、言語情報がアウトプットされる空間と時間、すなわち具体的な「場」を共有している。

「話しことば」を「音声言語」と呼ぶことがあるが、「音声」とは結局音波、すなわち空気振動であるので、空気のないところでは、「音声言語」が成り立たない。そして空気振動であるので、「音声」が届く範囲が限定されている。大きなホールで肉声で話そうとすると、後ろのほうには声が届かないということが起こる。これはそこまで空気振動が到達しないということである。「話しことば」は、録音というようなかたちで記録し、後からそれを聞くということをしない限りは、その場にいる人しか耳にすることができない。つまり「場の共有」が前提となる。

いっぽうで、テレビやラジオなどでは、「聞き手」側からは「話し手」が特定され、「話し手」側からは「聞き手」が特定されていないことがほとんどだろう。そうした意味合いにおいて「場」、具体的な空間と時間が共有されていない。インターネット上の動画などを視聴する場合も同じだ。視聴しているのは「話しことば」であるが、「話し手」にとって「聞き手」は特定されていない。

「場」に制約されていた「話しことば」をその制約から解放したのが「書きことば」といってよい。したがって、「書きことば」はそもそも「読み手」を選ばない、ともいえる。ただし、手紙のようなものの場合には、「書き手」は誰が「読み手」であるかがわかっている。その特定された「読み手」に向けた「書きことば」ということになる。平安時代の女房が子供にあてて書いた手紙がある。字は読めているのだが、内容がわかりにくい。それは、「書き手」と「読み手」とが多くの情報を共有しているために、言語化されていない情報が多いからだと推測できる。

「書きことば」は、一般的には、不特定多数の人が「読み手」になる。したがって、情報があまり共有されていないことが前提になる。細かいことを伝えるためには、いろいろと説明をする必要があり、長々と書かなければならなくなる。情報が共有されていないのだから、必要最低限のことは、整理して提示しておかなければならない。「読み手」がわかりやすいような工夫が自然に必要になってくる。「整理」は情報の取捨選択、必要に応じた圧縮、並び順などさまざまな面に及ぶ。「書きことば」にはそうしたことを適切に行なうスキルがどうしても必要になる。自然習得できないのは当然であろう。

また、言語には始まりがあって終わりがある。これを言語の「線状性(linearity)」と呼ぶことがある。線や紐のように、初めがあって、終わりがあり、直線的に進むということだ。

しかし、ほんとうにむだなく直線的に進むかというと、そうではない。話が「本線」をはずれて脇道に進むような時に「話が脱線した」などという。全体としては線状的に進んでいるが、時として脇道にそれることはよくある。話している本人は徐々に話が脱線していることに気づかないで話していることがあるが、話を聞いてノートしている人はそれが気づきやすい。授業で、無意識のうちに話が「本線」をそれてしまい、そういう時は往々にして話に熱中している時だから、「あれ、話がそれた」と気づき、「本線」に戻ろうとした時に、どこからそれてしまったかすぐにはわからない時がある。授業を聞いている学生に、どこに戻ればいいかをたずねるとすぐにわかることが多い。学生はノートをとって「話しことば」を「書きことば」として定着させているので、話がそれていることにすぐに気づく。それた話はノートしないことが多いので、どの話に戻ればいいかがすぐにわかる。これが「話しことば」と「書きことば」の違いといってもよい。

「話しことば」を整理して「書きことば」にする場合、無駄な「情報」や重複している「情報」を省くだろう。それは「情報」の取捨選択であり、整理である。「話しことば」にはそうしたいわば「ノイズ」が含まれている。「ノイズ」といってしまっていいかどうか、そのことについても考えておく必要があるが、今ここでは「ノイズ」ということにしておく。わかりやすく話すのには「話しことば」にありがちな「ノイズ」をなるべくいれないようにして、「書きことば」にちかい「構造」をもたせるということがまずは考えられることになる。

筆者は「書きことば」の特徴は「圧縮」と「構造」だと考えている。両者はふかく結びついている。「情報」を目的に合わせて「圧縮」して「構造化」して提示するのが「書きことば」だと思えばよいだろう。

圧縮

まずは「圧縮」について、新聞の見出しを例にして見てみよう。「コロナ「最大限の警戒必要」」(二〇二〇年十二月四日『朝日新聞』朝刊「総合3」面)という見出しの記事があった。記事には次のようにある。

厚生労働省に新型コロナウイルスの対策を助言する専門家組織の会合が3日間開かれ、国内の感染状況について「入院、重症患者の増加が続き、医療体制へ重大な影響が生じるおそれがある」として最大限の警戒が必要だと評価した。

見出しの「最大限の警戒必要」に鉤括弧が付いているのは、専門家組織の評価であるからだ。

記事の「最大限の警戒が必要」の助詞「ガ」を省き、「警戒必要」と「圧縮」した。「警戒が必要(だ)」は文であったが、それを「警戒必要」という語に変えている。文という言語単位を圧縮して語という、より小さい言語単位に変えたことになる。「警戒必要」という見出しを「警戒が必要だ」ということだなと理解する時には、助詞「ガ」を補って、もとの文を読み手が(おおげさにいえば)再構築していることになる。書き手が圧縮したものを読み手がもとにもどせるかということは非常に重要だ。電子ファイルについても「圧縮する」という表現が使われ、それをもとにもどす場合には「解凍」という表現が使われることがあるので、本書においても、書き手が圧縮した表現を読み手がもとにもどすことを「解凍」と呼ぶことにしてみよう。

「コロナ」の圧縮はすごい。この「コロナ」は、例えば「新型コロナウイルスの国内感染が急速に広がり、入院、重症患者の増加が続き、医療体制へ重大な影響が生じるおそれがある、ということについて」ぐらいの情報に匹敵している。傍線部は記事にある。通常であれば、これほどの圧縮は難しいが、新型コロナウイルスについては、長期間にわたって報道されているので、読み手が書き手と共有している情報は多い。したがって、「言わなくてもわかる」という状況にあることを前提とした圧縮といってよい。例えば、百年後を考えてみよう。百年後の読み手は現在の読み手ほど情報を共有していないので、この「圧縮」は百年後にはわかりにくくなっているかもしれない。

書き手と読み手とが共有している情報については、言語化しなくてもよい。そのことからすると、読み手がある程度わかっている場合と、読み手が「不特定多数」である場合とでは、圧縮のしかたが自然に変わってくる。

構造

先に言語の「線状性（linearity）」について述べた。つまり、言語化した情報を線のように並べていかなければならない。もっともわかりやすいのは、「始まり」から「終わり」まで、情報を一直線に並べることだろう。「話しことば」にはこの「線状性」が濃厚に出る。「話しことば」は時間の経過とともにどんどん進む。もとに戻ってゆっくり理解しようということはできない。「書きことば」は時間からはある程度離れているといってよい。

しかし「書きことば」も結局は情報を並べるしかない。一直線に並べるのだって、簡単ではない。あらゆる情報が、「AだからB」「BだからC」「CだからD」というように線状に展開していくわけではない。新書などの原稿を書く時に、編集担当者から、「わかりやすいストーリーを作って書いてください」と求められることが少なくない。「ストーリー」がどういう概念なのか、ということもあるが、「人間の世界」のことはそんなに単線的な「ストーリー」ばかりではない。「本道」もあれば「脇道」もある。「脇道」があるならば「寄り道」して道草を食べたくなるのが人情というものだろう。

そこで「構造」だ。それは情報の並び順、配置のしかたといってもよい。「書きことば」は読み返すこともできる。小説の結末をまず読むことだってできる。若い時に読んだ小説を年齢が上がってから読むと、「こういう作品だったのか」と思うことがある。人生の経験の差、という説明がされることが多いだろうが、それをもう少し言語寄りに説明するならば、もともと多くの情報が作品に埋め込まれていた。しかし若い時には、その埋め込まれている情報の一部しか受けとることができなかった。年齢が上がり、人生経験を積むということは当然言語生活を積むということでもあるから、言語表現によって情報のやりとりをする経験も豊かになる。「人生の機微がわかる」というのはそういうことでもあるだろう。ここには「情」と「理」もかかわるはずだ。

単線的に展開せざるを得ない「話しことば」に対して、「書きことば」は情報の配置を十分に吟味して、構造をつくることができる。したがって、書き手になった場合には、そういうことをよく考えて「書きことば」をつくる必要があるし、読み手になった場合には、そういうことを前提に「書きことば」を読み解く必要がある。「書きことば」を読むことによって、「書きことば」をうまく使いこなすことができるようになり、「書きことば」をうまく使いこなせれば、「よく」読むことができるようになる。

本書には「註」がある。「註」は「書きことば」をより「構造的」「複線的」にし、「脇道」を示すための「方法」でもある。自身の考えのみを単線的に述べていくのではなく、ここの考え方は、この人のこういう考え方と重なり合いがある、あるいは逆にこのようなところに違いがある、ということを「註」によって示すことができる。「セカンドオピニオン」の積極的な提示といってもよい。「読み手」はそうした「註」を読むことによって、今読んでいる「書きことば」をさらに広い枠組みの中に置くことができる。そして、「書きことば」に埋め込まれている情報は、どこまでも蜘蛛の巣のように広がっていく。「書きことば」の真骨頂といってもよい。

新書はあまり註を使わない。それはどちらかといえば単線的に進む「ストーリー」を提示する媒体であることが多いからだ。しかし本書は、本書が述べているテーマに即して、註を使い、本書が述べている「書きことば」を実践することを試みた。試みがある程度にしてもうまくいくことを願いたい。

類推の力とコミュニケーション

繰り返しになるが、言語はそれを使う人の集団によって「共有」されている。「共有」の過程で「類推」は重要だ。母語について文法をことさらに学習しなくても使うことができるようになるのは「類推」をする力が備わっているからだと考えられている。自身が獲得した言語形式をもとにして、獲得していない未知の言語形式を類推していく。あらゆることを学習しなくても、言語を運用していくことができる。

類推は共有されている(と思われる)言語形式をまねる、ということであるから、毎日接しているマスメディアやSNSなどで使われていることばは、いわばまねされやすい。SNSが万を超えるフォロワーを背後にしていることからすれば、それが「共有」されている言語形式であることは確かだ。SNSで使われている「打ちことば」が現在の日本語のありかたにかかわっていることはむしろ当然といってよい。このことは「打ちことば」とマスメディアについて論じる第三章で詳しく述べよう。

類推による共有を経て行なわれるのが「コミュニケーション」だ。日常生活においても頻繁に目にし、耳にする語であるが、定義するとなるといろいろなとらえかたがありそうだ。『広辞苑』は見出し「コミュニケーション」の語義を三つに分けて説明しているが、そのうちの一つは「社会生活を営む人間の間で行う知覚・感情・思考の伝達。言語・記号その他視覚・聴覚に訴える各種のものを媒介とする」である。ここでは「伝達」と説明されている。一方、『岩波国語辞典』は「気持・意見などを、言葉などを通じて相手に伝えること。通じ合い」と説明しており、「気持・意見などを～相手に伝えること」は「伝達」であるが、「通じ合い」は「発信者」と「受信者」とが双方向的に、ということを思わせる。動詞「communicate」には〈伝える〉という語義がもちろんあるが、〈情報交換を行なう・意思疎通をはかる〉という語義もある。『新明解国語辞典』は「ことば・身振りなどによって、意思・感情・思考・情報などを伝達・交換すること」と説明しており、筆者の語感でも「コミュニケーション」には「通じ合い」「交換」が含まれているように思う。「community」は〈共同体〉であり、一方向的な「伝達」ではなく「通じ合い」共有することが「コミュニケーション」であると考えたい。

しかしまた、『広辞苑』だけではなく、『新明解国語辞典』も「言葉による意志・思想などの伝達」と説明しており、「コミュニケーション」を一方向的な「伝達」とみる「みかた」があることも確かであろう。しかし、それは「受信者」を想定しない発信になりやすい面がある。

「コミュニケーション力」が必要だといわれる。「コミュニケーション」を双方向的なものととらえると、「コミュニケーション力」は「発信する力」と「受信する力」ということになる。そうであれば、パワーポイントを使って、プレゼンテーションをする力が「コミュニケーション力」ということには、必ずしもならない。むしろ「書きことば」が大きくかかわっているというのが筆者の立場だ。

言語態をつなぐ「回路」

ここまで「話しことば」「書きことば」「打ちことば」という三つの言語態があることについて述べ、「話しことば」と「書きことば」の違いについて述べてきた。「話しことば」と「書きことば」とはずいぶんと異なる。しかし、いうまでもなく、両言語態はそれぞれが独立しているのではなく、かかわっている。「書きことば」が「話しことば」よりも後発していることは明らかなので、「書きことば」ができてきた当初は、「書きことば」は「話しことば」に裏打ちされていたとみてよい。しかし「書きことば」がしっかりとしてくれば、独立性がでてくる。それでもなお、両言語態をつなぐ「回路」とでも呼べるものがあると考えたい。「打ちことば」を含めるのであれば、三つの言語態が「回路」でつながっているということだ。

言語を「静的」にとらえるならば、「話しことば」「書きことば」「打ちことば」というアウトプットされたものをとらえるということになる。それは一般的なとらえかたといってよい。一方、三言語態をつなぐ「回路」があると仮定し、その「回路」が機能しているかどうか、というとらえかたは、言語の「動的」なとらえかたといえるかもしれない。言語は時間が経つとどんな言語でも必ず変化する。したがって、言語が変化することを歎いてもしかたがない。本書が「日本語の現在」に疑問を投げかける時、それはアウトプットされている「話しことば」「書きことば」そのものが変わったということよりも、「回路」が機能していないのではないか、という問いであるといってよい。アウトプットされたものを通してしか、「回路」を推測することができないから、問いの「入口」はアウトプットされた「話しことば」「書きことば」に求めるしかない。

ちょっと「肩ならし」が長くなったが、いよいよ具体的なことがらについて述べていきたいと思う。

第一章　壊れた日本語

序章において、日本語は急激な変化のさなかにある、と述べた。ここでは、人々に共有され、構造を持つものとしての言語、とくに「書きことば」としての「ありかた」からはずれているのではないかと思われる表現を採りあげ、変化の様相を具体的に観察してみたい。おもに「比喩表現」を観察対象とする。章を改めて述べるが、ここで採りあげる例は、「書きことば」が「話しことば」に引っ張られながら変化している、現在に特徴的な様相を示していると考える。

引用はほとんど『朝日新聞』の記事から行っている。これは筆者にもっとも身近な日本語の「書きことば」の例として採りあげるのであって、『朝日新聞』記者の日本語について論じる意図はまったくないことを念のために述べておきたい。

一　比喩は成り立っているか

心をめぐる比喩①――心に殻はあるか

『朝日新聞』朝刊に毎日載せられている「天声人語」の二〇一九年一月十四日の欄で、トーン・テレヘン、長山さき訳『ハリネズミの願い』(二〇一六年、新潮社)が採りあげられていた。ハリネズミは「自分の知っているどうぶつたち」に手紙を書く。

親愛なるどうぶつたちへ
ぼくの家にあそびに来るよう、
キミたちみんなを招待します。

ハリネズミはペンを噛み、また後頭部を掻き、そのあとに書き足した。

でも、だれも来なくてもだいじょうぶです。

天声人語には「子どもから大人になる時期は、親元から離れたり仕事に就いたりと、ひとりになる時間が増える。孤独とうまく付き合うやり方を手にする道のりでもある▼孤独の象徴として「心の殻」という言葉が使われる。多くの場合、破るべき、壊すべきものとして。しかし、つらいときに逃げ込める小さな殻は、持っておいた方がいい。無心になれる音楽でも、繰り返し読んだマンガでもいい。いつでも閉じて、開くことのできる柔らかい殻を▼ハリネズミの物語はどうなるかって？　心配しなくていい。彼の心の殻も最後には、柔らかく開くことになる」と記されている。

右には「孤独の象徴として「心の殻」という言葉が使われる。多くの場合、破るべき、壊すべきものとして。しかし、つらいときに逃げ込める小さな殻は、持っておいた方がいい」とある。「象徴」は「本来かかわりのない二つのもの（具体的なものと抽象的なもの）を何らかの類似性をもとに関連づける作用。例えば、白色が純潔を、黒色が悲しみを表すなど。シンボル」（『広辞苑』第七版）ということであろう。「比喩」は「物事の説明に、これと類似したものを借りて表現すること。たとえ」（同前）であるので、概念に重なり合いがある。具体的なものと抽象的なものということでいえば、「孤独」と「心の殻」のどちらが具体的でどちらが抽象的なのだろう、とまず思う。わかりやすい、認識しやすい、具体的なものとそうではない抽象的なものとを結びつけて、抽象的なものをわかりやすくとらえ、理解するのが、象徴であり比喩であるとすれば、「孤独」も「心の殻」もどちらも具体的ではない。

筆者には「心の殻」がそもそもとらえにくいのではないかと思う。柔らかな「心」が固い「殻」に包まれているということで、そうなっていると孤独になりやすい、ということは理解できるが、この「殻」は何でできているのだろうなどと思ったりもする。『朝日新聞』の一九八五年以降の記事を検索することができる「聞蔵II」に「心の殻」で検索をかけてみると、三五件しかヒットがない。つまりそもそも「孤独の象徴として「心の殻」という言葉」はあまり使われていない可能性があるが、それはそれとする。

気になったのは、「つらいときに逃げ込める小さな殻」という表現だ。もちろんいわんとしていることはわかる。しかし、「殻」は外部から内部を守るためのもので、逃げ込む場所ではないのではないか。「バショ（場所）」の語義の説明は難しいが、〈あることが行なわれる所〉であろう。そうなると一定の空間的な広さがあることになる。「カラ（殻）」そのものには「空間的な広さ」があるとは思いにくい。殻に逃げ込むことはできないのではないだろうか。（マレーバクは）「身の危険を感じると水中に逃げ込むこともできる」（二〇二〇年六月十四日『朝日新聞』朝刊（神戸1））、「細菌に感染したテロリストが長距離列車に逃げ込む「カサンドラ・クロス」（76年）はアクションサスペンスの快作だった」（二〇二〇年五月十五日『朝日新聞』夕刊）のように、「〜ニニゲコム」の前には「スイチュウ（水中）」や「レッシャ（列車）」といった広さのある空間をあらわす語が位置する。やはり「殻に逃げ込む」という表現あるいは発想そのものが成り立ちにくそうだ。

心をめぐる比喩②——心は折れてしまうのか

二〇一五年四月八日から六月十日までフジテレビ系系列局で放送された「心がポキッとね」という題名のテレビドラマがあった。「心がポキッとね」には「折れた」は含まれていないが、「心がポキッと折れる」ということであろう。

「心が折れる」という表現は、一九八七年の試合について、女子プロレスラーの神取忍が使ったのが最初だという話がある。一九九一年に大宅壮一ノンフィクション賞を受賞している井田真木子『プロレス少女伝説』(かのう書坊、一九九〇年)にはそのことが記されている。ある表現を誰が使い始めたか、ということは通常はわからないし、この話も、一つの「情報」に留まると考える。

「聞蔵II」によって「心が折」「心がおれ」というかたちで『朝日新聞』の記事検索をしてみると、もっとも古い例として、二〇〇四年十二月十四日の『朝日新聞』朝刊(埼玉2)の「6年目の悲願達成　関東大学ラグビー・立正大1部昇格/埼玉」という見出しの記事中に「11日の拓殖大との入れ替え戦は前半を終わって16点のリードを許す厳しい展開になるも、後半の猛攻で見事な逆転勝ち。松元主将は「前半で心が折れなかったのが後半につながった。監督のおかげです」と感謝した」という記事がヒットする。ここに「心が折れなかった」という表現がみられる。この検索によって、「心が折れる」という表現がいつ頃から使われているかを正確にわかりだすことはもちろんできないが、それでも二〇〇四年には確実に使われていたことがわかる。新聞や雑誌などのメディアは表現に関しては、慎重であると思われる。公開されるまでに、何人もが記事をチェックしているであろう。したがって、新聞や雑誌に使われているということは、言語表現の広がりやある程度の定着を推測する目安にはなる。そう考えると、二〇〇四年頃には、「心が折れる」という表現が広がっていた可能性がたかい。二〇二〇年十二月六日時点での検索では、「心が折」で一〇六八件、「心がおれ」で四件のヒットであるので、よく使われる表現になっているわけではないこともわかる。新聞で使われた例をあげてみよう。

◎「ストレスフル」と言われる現代社会、いつ、だれの心が折れてもおかしくない。事件は社会に大きな問題を投げかけているように思える。（二〇〇六年二月九日『朝日新聞』朝刊〈徳島全県〉）

◎心が折れそうな時、短歌に救われた。職員室の机の上にキャンディーのびんを置き、「短歌箱」と名づけた。思いついた単語や目にした情景をメモに書いて入れておき、時折引っ

張り出して並べる。大半が今の学校や中学生の日常をスケッチした歌だ。（二〇一〇年十一月二十一日『朝日新聞』朝刊）

◎だが、区からの金銭的援助は乏しく、ボランティアは活動するほど持ち出しが増える。せめて区は、ボランティアたちの心が折れないよう、知恵と工夫を出して、支えてほしい。（二〇一四年三月二十七日『朝日新聞』朝刊（都2））

◎「通販というのは、顔が見えない商売。「社長を出せ」という電話のクレームも多く、心が折れそうになっていたころですね。だったら社長の私が責任をもって商品を説明しようとなったんです」（二〇二〇年九月二十五日『週刊朝日』）

「心が折れる」という比喩表現について筆者が気になるのは、「折れる」というからには、「心」が「折れる」ようなモノとしてとらえられていることが前提になる。「折れる」代表は棒状のモノだろう。しかもそれはある程度の固さを備えている。「腕の骨が折れる」「電信柱が折れる」「台風で街路樹が折れる」、いずれもある程度の固さを備えた棒状のモノが折れている。「骨が折れる」の「骨」は、「頭の骨」や「鼻の骨」「顎の骨」「胸の骨」などさまざまで、それぞれの骨が必ずしも棒状ではないが、固さは備えている。そうすると「心が折れる」という場合の「心」は固くなければならない。「心」が固いというのはどうだろうか。「心」は固いものなのだろうか。むしろ柔軟なものであるように感じるが、柔らかいものは「折れ」ない。「心が折れる」という比喩表現は、どちらかといえば「話しことば」で使われているようにみえる。新聞記事も会話の引用や会話をまとめたところで使われていることが多そうだ。「心が折れる」という表現は「がっくりきてます」ということの表現としてはわかりやすい。「話しことば」で求められる、その場ですぐわかるという「現場性」にはうってつけの表現といえるだろう。そういうことから「話しことば」で使われるようになった表現が次第に「書きことば」に浸潤してきた、とみることもできそうだ。

心をめぐる比喩③――心に刺さるもの

一九九七年九月十日の『朝日新聞』の朝刊に「ここのところ、二歳半の息子を大声でしかりつけることがとても多くなっているのですが、そんな時、まさに「心に刺さる言葉」を連発している自分を改めて思い知らされました。「ダメダメ」「早く早く」「何やってるの」そして締めくくりの「いい加減にしなさいっ」夜、息子のやわらかな寝顔を見ながら、今日もまたやってしまった、と思う日は、常に家事に追われ、時間に追われている。ゆとりのない自分がたまらなく嫌になります」という記事が載せられている。右の「心に刺さる言葉」は言い換えれば「きついことば」であろう。

一方、二〇一九年五月二十九日の『朝日新聞』夕刊の「小説家の役割として、「もっと良質な娯楽を提供することではないか。本を開けば、差別するより楽しく深く心に刺さる世界がある、あるいは現実よりも魅力的な悪や不謹慎があることを示すことではないか」と語った。協会の代表理事、京極夏彦さんはこのスピーチに同意し、「こうした風潮を打開するのは優れた創作。我々は優れたコンテンツを生み出し、世に広めなければいけない」と応じた」という記事における「心に刺さる世界」は「楽しく深く」が修飾し、京極夏彦が「優れた創作」「優れたコンテンツ」と表現していることからわかるように、だいぶ粗いとらえかたではあるが、プラスかマイナスか、といえば、プラスの表現ということになる。

あるいは二〇二〇年五月一日の『朝日新聞』朝刊の「キャスターたちの言葉」という見出しの記事には、「ただ、医療従事者などへ心ない言葉が飛んだり、建設的な批判ではない、罵詈《ばり》雑言めいた言葉がネット上にあふれたりする今だからこそ、視聴者に語りかけるような親身な呼びかけが心に刺さるのだと思う」とある。

これはかつてマイナスの表現として使われていた「心に刺さる」が現在ではプラスの表現と

しても使われているということなので、時間の経過とともに、言語が変化するということである。言語が時間の経過とともに変化することはわかっている。したがって、このこと自体は「あり得ること」といってよい。

右で述べた、使用の変化は小型の国語辞書の語釈によっても確認できる。二〇一一年十一月に出版されている『岩波国語辞典』第七版新版の見出し「ささる」は「先のとがった物が他の物に突き立つ。「とげが—」」と説明されているが、二〇一九年十一月に出版されている『岩波国語辞典』第八版では、右の語釈が①で、さらに「②線状の物が鋭く当たる。「直射日光が目に—」「視線が—」③驚きや感動を強く与える。「心に—言葉」」という二つの語釈が加えられている。二〇二〇年十一月に出版された『新明解国語辞典』第八版は見出し「ささる」を「とがった物の先が何かの表面を突き破って、中に入る。「とげが—／言葉が—〔＝強い印象を残す〕」」と説明している。

また、三省堂が行なっている「辞書を編む人が選ぶ今年の新語」では、二〇一五年に「深く納得したり、共感したりできる」という語義で使う「刺さる」が九位に選ばれている。

したがって、「心に刺さる」という表現が二〇一五年頃からプラスの表現として使われ始めた、ということはいわば「事実」だ。そのことは辞書の記述によってもわかる。その一方で、筆者が気になるのは、そういう使われ方を辞書は、「事実」として反映させているが、日本語の動詞「ササル」の語義の基本は「先のとがった物が他の物に突き立つ」で変わらないということだ。

「心に刺さる言葉」であれば、刺さるのが言葉なのだから、言葉が「先のとがった物」でなければならない。筆者が「ササル」という動詞ですぐに思い浮かべるのは「トゲ」で、次は何か先がとがった棒状の物だろう。そういう物が思い浮かぶ。そうであると、「コトバ」は「先のとがった物」じゃないよな、と思ってしまう。またそもそも「物」でもない。そんなことをいえば、「ココロ」だって物じゃない。つまり、「コトバ」が「ココロ」に刺さっている映像を思い浮かべることはできない。映像として思い浮かべることができないということは、それは具体的な物ではないということだ。具体的な物、具体的な映像に結びつけ、そこからさらに深く「情動」に結びつけることで、言語表現はしっかりと自分の側のものとして理解できる。結びつけているのが「回路」だ。

そしてまた、「棘が指に刺さった」時の痛みからすると、自分の体に何かが刺さったら痛いだろうと自然に思う。バラの小さな棘であっても、かなり痛い。心は目には見えないけれども、それが身体にあるのだとすれば、そこに何か「先のとがった物」が刺さったら、心は痛むのではないかと思う。だから、「心に刺さる」が痛みを伴う表現として使われることは理解できる。しかし、「先のとがった物」が刺さってよかった、とは思いにくい。
「心に刺さる」をプラスの表現で使うということは、言語がどこかで結びついているであろう「身体性」を失ってしまっているように思われる。「身体性」から切り離されたことばはふわふわと漂うのではないだろうか。身体性とともにある「感覚・感性」は生物としてのヒトのもっとも根底にあるよりどころといってよい。ヒトが生物である限り、すべてのことはそこが原点といってよいかもしれない。そう考えると、「身体性」「感覚・感性」にかかわる言語表現は安定していてほしいし、そこが大多数の人が「共有・共感」できるところでもあるはずだ。言語は共有されている。共有されているのが言語だといってもよい。だから「共有」は言語にとって重要だ。

心をめぐる比喩表現④——心の骨

二〇二〇年五月九日の『朝日新聞』朝刊の「私の一冊」という欄に「突き進む力　心が骨太になる」という見出しが掲げられていた。スポーツジャーナリストの増田明美が佐藤次郎『1964年の東京パラリンピック』(二〇二〇年、紀伊國屋書店)を紹介する記事で、おそらく見出しは新聞社側で付けたものであろう。

「ホネブト(骨太)」は「骨太な小説」「骨太のチーム」のように使われる。

「心が骨太になる」ということは……心に骨がある、ということになる。とうとう心には骨が生じた。筆者は「ホネブト(骨太)」というと、「この子は母親に似て骨太だね」というような家族や親戚が集まった時の会話を思ったり、そうでなければ、骨粗鬆症の話を思い浮かべてしまうので、「ココロ」と「ホネブト」は結びつきにくい。

トマス・H・クックの *PLACES IN THE DARK* は日本では、「心の砕ける音」という題名で出版されており、この作品を原作とした「心の砕ける音〜運命の女〜」というテレビドラマが二〇〇五年に放送されているので、心を、砕けるような固い物としてとらえる「みかた」はあることがわかる。しかし、心がどんどん固い物としてとらえられてきているようにもみえる。

一方、「濃密な関係を紡ぐ登場人物の人生と骨太な裏面史が織物のように重ねられ、深い余韻を残す」(二〇二〇年十一月十二日『朝日新聞』夕刊)のように、「ホネブト」という語も「ホネ(骨)」を離れて使われている。「関係を紡ぐ」もわかりやすいとはいえないが、「裏面史」が「骨太」とは? と思う。しかし、「ホネブト(骨太)」が「ホネ」と関係なくてもいいのだ、ということになるのかどうか。

メリーゴーラウンドと観覧車

二〇一五年一月十日の『朝日新聞』朝刊（週末be）に漫画家のみつはしちかこの記事が載せられていた。そこには「ちいさな女の子のチッチと、のっぽの男の子のサリーはたぶん、マンガ史上、最大の身長差がある高校生カップルだろう。チッチのいちずな片思いを描いた叙情マンガ「小さな恋のものがたり」、略して「小恋《ちいこい》」は連載が始まってから約半世紀がたつ。昨秋に出た新刊が、ひとくぎりつける完結編になった。「小恋の時間はメリーゴーラウンドのように堂々めぐりをしていたのですが、やっと時計を進めて、チッチに成長してもらうことにしました。大人になり、サリーとの結婚とは別の夢を見つける未来を描きたくなった」とある。

みつはしちかこが実際に右のように話したかどうかは不明であるが、記事には「メリーゴーラウンドのように堂々めぐりをしていた」とある。「ドウドウメグリ（堂堂巡り）」の原義は「願掛けのために、神社や寺の建物の周りを何度も歩き回ること」（『集英社国語辞典』第三版）であり、そこから「思考や議論などで、同じ内容が何度もくり返され、進展しないこと」（同前）という語義に転じた。現在「ドウドウメグリ」は転義において使われることが多い。「ドウドウメグリ」には「進展しない」という含みが強いように思われる。

「メリーゴーラウンド(merry-go-round)」は回転木馬などと訳されることもあるが、遊園地などに置かれ、「円形の大きな台に並べて取り付けた木馬などが台の回転につれて上下する」乗り物である。「台の回転につれて木馬が上下する」からこそ乗り物としての意義があるので、それゆえ「回転木馬」という日本語訳がつくられていると思われる。

「回転木馬」というと、筆者ぐらいの年齢の方は、「ぐるぐる回る回転木馬」という歌詞の歌を思い出すのではないだろうか。調べてみると「Mon Manège À Moi」という題名のシャンソンであった。昭和三十九(一九六四)年頃にはＮＨＫで「うたのメリーゴーラウンド」という番組もあったことがわかったが、その中でも、この「回転木馬」の歌は紹介されていたようだ。この歌を知っていると、回らないメリーゴーラウンドは「あり得ない」ということになりそうだ。

「メリーゴーラウンド」がぐるぐる回転することと、「ドウドウメグリ」が寺社の建物の「周りを何度も歩き回ること」とは根本的に意味合いが異なる。そこまで考えると、「メリーゴーラウンドのように堂々めぐりをしていた」は表現として落ち着きがよくないと感じることになる。

「回らないメリーゴーラウンド」が表現としてどのくらい存在しているかを調べてみると、

二〇〇四年八月二十七日の『朝日新聞』朝刊(徳島1)の「樹木文様、気迫込め　日本伝統工芸展、井戸川さん入選」という見出しの記事中に「井戸川さんは昨年、4回目の入選で日本工芸会の正会員になった。「今回は、気持ちの上で守りに入るのが怖かった」と振り返る。入選作は、標準よりやや小ぶりの「銀泥彩磁樹木文大鉢」。鉢の内側は俯瞰《ふかん》的に、外はメリーゴーラウンドのように樹木を描いた。「文様を描き込んでやろうという気負いが強く、窯から出したとき描き過ぎたかなあと思っていたので、選ばれてよかった」」とある。

「メリーゴーラウンドのように樹木を描いた」は、大きな鉢の外側にぐるりと樹木が描かれているということであろう。樹木の一本一本が、遠くから見た静止している状態の木馬なのだ、と言えないこともないだろうが、回転はしていないはずだ。鉢の外側の樹木模様を、見る人が視線でぐるりと追いかけるということが「回転」なのだろうか。「雰囲気」はわからなくもないが、「メリーゴーラウンドのように」の「ように」はあまりきいていない。「外側にはぐるりと樹木を描いた」でもあるいは充分かもしれない。この「メリーゴーラウンド」はやはり回転していない。

「情報」をわかりやすく伝えるために、「AのようなB」という比喩を使っているのに、その「ような」が「ような」でないとわかりやすくならない。「ような」だからAとBとには「何らかの重なり合い」があるはずだ。右の二つの例の場合は「メリーゴーラウンド」と喩えられている物との重なり合いがかなり少ないように思われる。

たくさんの乳牛をのせて、搾乳する「ロータリーパーラー」という装置があるが、その装置を「メリーゴーラウンドのように回転する装置」(二〇一五年十一月十七日『朝日新聞』朝刊(岡山1))と表現している記事があった。牛はもちろん上下動はしないが、木馬のかわりに牛が並び、牛が乗っている台が回転しているようすは、「メリーゴーラウンド」とまずまずの重なり合いがあるといってよい。それでも、結局は「メリーゴーラウンド」と「ロータリーパーラー」との重なり合いを言語で表現するならば、「ぐるぐる回る」ということになりそうだ。

「メリーゴーラウンド」を「ぐるぐる回る」ととらえると、「回転寿司」の店名として「メリーゴーラウンド寿司」があってもよいことになる。と書いてからインターネットを調べてみると、「回転寿司」を英語で「sushi-go-round」ということがあることがわかった! そして、「メリーゴーラウンド」を冠した回転寿司店もあった。

観覧車も「ぐるぐる回る」。回るスピードの違いはともかくとして、「メリーゴーラウンド」と観覧車とでは、水平面で回るか、垂直面で回るかという大きな違いがある。「メリーゴーラウンド寿司」は成り立っても、「観覧車寿司」は成り立たないだろう。観覧車の中で寿司が提供されるのかと思ってしまう。「メリーゴーラウンド寿司」や「観覧車寿司」という店名を聞いた時に、人はどういうネーミングだろうと考える。それはどういう比喩かを考えるということでもある。その時に、受信者の「よみ」が発信者の意図通りでなければ、比喩はうまくいっていないといわざるをえない。

先に述べたように、比喩は具体的な物をもって抽象的なことがらを説明するのだから、具体的な物をどのように言語でとらえるかということが重要になる。具体的な物を言語で精密にとらえ、それが喩えられることがらとぴったりと合っているのが理想的な比喩ということになる。こういう比喩はわかりやすい。しかし、いつもそうとは限らない。読み手が思い浮かべるAと書き手が言語でとらえたAとがずれていると、比喩がうまく機能しない。ずれているということは「共有」されていないということだ。書き手が（勝手に）粗くとらえてしまうと比喩が成り立たなくなるが、そのようなことが増えていないだろうか。

せっかく「メリーゴーラウンド」というかなり特徴のある具体物を比喩に持ち出すのだから、それに見合った細かい比喩であることが望ましい。「ぐるぐる回る」ということを伝えたいのであるなら、「ぐるぐる回る」と比喩を使わずに説明すればよい。それが比喩を使う前提であろう。だから、受信者は引き合いに出されている具体物をすみずみまで思い浮かべる。しかし発信者は「ぐるぐる回る」物として「メリーゴーラウンド」を引き合いに出していた。こうなると、比喩を使ったことでかえって理解が妨げられかねない。

「AのようにB」という比喩表現では、Aに説明しなくてもわかる「具体物」、Bに言語による説明が難しい「抽象的なことがら」がはいることが多い。Aはあくまでも具体的で、Bはあくまでも抽象的で、AとBとを組み合わせることで、Bがきれいに理解できるというのが理想だ。ここまで採りあげた例では、Aのとらえかたが粗いケースが多かった。つまり「具体物」の言語によるとらえかたが粗っぽいということだ。書き手がAを粗っぽくとらえていて、読み手は書き手よりも具体的に細かくAをとらえているという「ずれ」が比喩の理解を難しくする。

「書きことば」はゆっくりと読むことができる。あるいは繰り返し読むことができる。ゆっくりと繰り返し読むことによって、比喩表現もじっくりと読み解くことができる。話すそばから消えていく「話しことば」ではそうはいかない。今の比喩はどういう比喩か、などと考えている間に話はどんどん進んでいってしまう。話し手も、話しながら、深いところまでぴったりしている比喩を考えている時間はない。だから、「AのようなB」もざっくりした比喩になりやすい。

つまり、右で整理してみたことは、比喩表現についての分析であるが、それは結局は「書きことば」がゆっくりと繰り返し読むことを前提にしなくなっている、ということにみえる。そういう意味合いでの「書きことばの話しことばへの接近」、「書きことばの話しことば化」ということにみえる。「書きことば」と「話しことば」については、第三章で改めて考えてみたい。

二　先まわりする表現——理を超えた情

受け手に寄り添う

二〇二〇年七月十八日の『朝日新聞』朝刊（山形1）に「「アマビエ」や「福うさぎ」／収束願い天童市に寄贈」という見出しの記事が載せられている。「収束」は新型コロナウイルスの収束であるが、記事には「縁起物は「アマビエ様&さくらんぼ福うさぎ」。手のひらに載るくらいの大きさで、将棋駒、真っ赤なサクランボをあしらうなど天童らしさも演出した。手にした人が笑顔になれるようにと、アマビエを少しふっくらと仕上げたそうだ」とある。「笑顔になれる」はもちろん「笑顔になることができる」ということだ。「アマビエ」は妖怪のようなものであるが、新型コロナウイルスの感染が広がる中で、弘化三（一八四六）年頃に作られたと思われる瓦版に描かれている姿が紹介され、広く知られるようになった。その「アマビエ」の姿があんまりかわいいとはいえないから、「少しふっくらと仕上げた」ということであろう。

「アマビエ」の顔をかわいくした、というのは「作り手」の判断で、その理由が「手にした人」すなわち「受け手」に喜んでもらいたいから、ということはよくわかる。しかし、「受け手」がどう思うかは、「作り手」にはわからない。喜んだ結果、笑顔になるかもしれない。しかし、喜んだが、表情にはでない、ということだってある。「受け手」が「笑顔になる」ということが「作り手」の目標であるというところが、少し「先まわり」していないか、と思う。

「こんな状況でも楽しさや希望を見せられるような、笑顔になれることをやりたかった」(二〇二〇年七月二十三日『朝日新聞』朝刊)といった場合、自身が「やりたいこと」があって、それをやった結果、他者が喜んでくれた、笑顔になった、ということではなくて、「やりたいこと」が他者が「笑顔になれること」ということになる。そういう目標が設定できるのだろうか。一万冊売れるような本を書く、ということでもない。一万冊売れるような本を書くためには、いろいろと考える必要があるだろう。多くの人が買いたくなるようなテーマを選ぶ、販売のための活動はどう展開すれば効果的かなど、さまざまな観点から検討することになるだろう。しかし、読んだ人が「笑顔になれる」本を書く、という企画がたてられるのだろうか、と思わずにはいられない。「笑顔になれる」はきわめて情緒的である。

スポーツ選手が「勇気を与える」と発言することがある。例えば「来季は新スタジアムでJリーグに参入します。宮崎の週末に元気、勇気を与える場所にしたい」（二〇二〇年十一月三十日『朝日新聞』朝刊（宮崎1））や「画面越しに応援してくれるサポーターの皆さんに勇気を与えるサッカーをしたい」（二〇二〇年七月一日『朝日新聞』朝刊（佐賀1））などがそういう発言にあたる。

誤解のないようにいえば、いわんとしていることはもちろん理解している。ただ、スポーツであれば、ルールに従って試合をして勝つということが目標で、その試合を見た人が勇気を与えられた、と思うかどうかは見た人すなわち「受け手」の側のいわば問題であるのではないか。そしてそれは選手がコントロールすることでもないはずだ。練習の成果を十二分に発揮し、試合に勝つことを目指す。その結果勝つこともあれば負けることもある。そこまでが「選手＝作り手」側のことがらで、その試合を見てどう思うかは「観客＝受け手」側のことがらであろう。もちろん観客に喜んでもらえるような試合をしたいと思うのは自然であろうが、「全力を尽くした試合」「試合の結果」を飛び越して、「観客が喜ぶ」ということを目指すというのは先まわりしすぎていないだろうか。

「全力を尽くした試合＋試合の結果」を今風に仮に「コンテンツ」と呼んでみよう。そうすると「コンテンツ」よりも「受け手の情的な反応」が前面にでてきているように感じる。こうした傾向が広くみられるようになっていないだろうか。テレビの視聴率や本の売り上げ部数は、「受け手の情的な反応」ではないので少し違うだろう。しかし、新書などの企画を出版社の編集担当者と相談する時に、一万部は刷るのだから、まず一万部は売れるような企画でなければ、と言われることがある。そこには内容すなわち「コンテンツ」がおもしろいか、いいか、という話を飛び越えて「受け手の反応」がまずある。〈他人の心中を推し量ること〉を語義とする「ソンタク(忖度)」という語がある。内容や「理」よりも「受け手の反応」を考えるのは「過剰な忖度」ということになる。

言語表現に関していえば、「書き手」が「読み手」を想定し、意識することは必要なことでもあるので、それはいい。しかし過剰に「読み手」側に寄り添い、「読み手」側に先まわりすることによって、「書き手」と「読み手」との境界線が曖昧になることもある。先に引用した「こんな状況でも楽しさや希望を見せられるような、笑顔になれることをやりたかった」という文では、「楽しさや希望を見せられる」「笑顔になれる」と二つの可能表現が使われている。「楽しさや希望」を(他者に)見せるのは発言者、笑顔になるのは(発言者以外の)他者で、それが一文の中にいわば溶け込んでいる。

「書き手」は「書き手」の立場と責任において「他者に伝えたい情報」をまとめ、整理して「読み手」に渡す。それが整理もそこそこに、「読み手」側のことをあれこれと考えていると、わたす情報がぐずぐずなものになっていく、というようなことはないだろうか。

「立場」は「視点」と言い換えてもよい。「書き手の視点」と「読み手の視点」が交錯してしまえば、その文はきわめてわかりにくいものになる。「書き手」と「読み手」とをつなぐ「回路」もなくなる。

右では、「受け手」が「笑顔になれる」ようなことを目標とするのは難しいのではないかということを述べた。これは言語表現についての話ではないようにみえるかもしれないが、そうではないと考える。「笑顔になれる」という言語表現が（ある程度にしても）定着しているから、それが口をついて出る。そしてその口をついて出た言語表現が思考や行動を規定していくということにみえる。こういうところに言語表現の問題が言語表現のみにとどまらないということがある。

「やる気スイッチ」という表現がある。「聞蔵Ⅱ」で「やる気スイッチ」を検索してみると、一九九八年三月二十九日の朝刊に「選手の「やる気スイッチ」が開幕までに「オン」になれば連覇が見えてくるし、今のまま「オフ」ならば、難しくなる」という記事があり、これがこの検索でヒットする、もっとも古い使用例ということになる。この記事ではプロ野球選手についての表現であるが、「息子のやる気スイッチを探す日々」(二〇一〇年七月二十七日『朝日新聞』朝刊)のように、子供について使われることが多い。検索でヒットしたのは、六七件だから、新聞紙面ではあまり使われていないようだが、筆者などでも何度も耳にしたことがあるから、「話しことば」では使われているだろう。子供に「やる気スイッチ」があるという発想は、(ロボットという語もすでに古いかもしれないが)子供をロボット扱いしていないか、とまず思う。そしてそのスイッチを親が押すと、子供は急にやる気を出す、というのも子供にとっては迷惑な話で、親にとっては都合のいい話ではないだろうか。「やる気スイッチ」という表現を言われた子供がやる気をなくしてなければいいのだが。

言語が先か(行動を含めた)文化が先か、はすでに幾度も言語学で採りあげられているテーマでもある。現在では、どちらが先か、ではなくて、相互に関連をもって形成されていくと考えることが多い。そうであれば、やはり言語表現は表現だけにとどまらず、思考や行動にもかかわってくることになる。

抑えきれない気持ち

二〇二〇年四月十六日に全国を対象とした緊急事態宣言が出された。それから少したった頃からＮＨＫのアナウンサーがニュースなどの終わりに「今日もみなさん不自由をこらえてご苦労様でした。みんなで乗り切りましょう」というようなことを言うようになった。すでにニュース報道は終わっているということなのだろう。しかし視聴者側からみれば、次の番組になってはいないので、まだＮＨＫのニュースは終わっていない。毎日、新型コロナウイルス関連のニュースを伝えているアナウンサーがそう言いたくなる気持ちはもちろんわかるし、それを自然なことと受け止める人も多いだろう。また、そのことばで励まされるという人ももちろんいたと思う。

しかし、ニュースという、客観的であることをもっとも求められるであろう情報番組の枠組みの中に、それを伝えている人の個人的な思いや考えが濃厚に入り込んでいるようにもみえる。ニュースを見ている人の立場もさまざまだから、それぞれの人の「具体的な今日」はみんな異なるといってよい。そして「個人的な思いや考え」はそれぞれの「個体」によって異なる。それぞれの「個体」はそれぞれの具体性の中で生きている。それぞれの「個体」が共有できる思いや考えもあるが、できないものもある。そういうことも考える必要がある。これを「逸脱」というのは言い過ぎかもしれない。しかし、小さな「逸脱」が積み重なることで大きな「逸脱」を許す、大きな「逸脱」は小さな数多くの「逸脱」をうみだす、そうしているうちに、方向を見失い、「道筋」を見失うのではないだろうか。

四月二十五日の『朝日新聞』朝刊（特設C）には「追い込まれた人　支援したい」という見出しの記事が載せられている。記事には「新型コロナ、主なできごと」という小見出しのもとに、十七日から二十三日までの一週間のできごとがまとめられている。

十七日　政府が全世帯に配る布マスクの配達が東京で始まる
十八日　国内での感染者数が一万人を超えた
二十日　感染者の濃厚接触者の定義、「発症二日前以降」に変更
二十二日　長崎港に停泊中のクルーズ船で、乗員33人の感染が判明
　東京都が休業要請に応じた業者に支給する「協力金」の申請受け付けを開始
二十三日　俳優の岡江久美子さんが新型コロナウイルスによる肺炎で死去。63歳だった
　政府は全国の知事に、スーパーなどに対し入場制限を要請するよう求めた
　軽症患者は宿泊施設での療養が基本。厚生労働相が方針示す

十八日「国内での感染者数が一万人を超えた」が目をひく。十七日は「東京で始まる」であったのに、なぜここは「超えた」なのか。この「タ」は過去をあらわしているだけではなく、「超えてしまった」というような「書き手」のとらえかた、気持ちをあらわしているのではないか。そして、二十三日の「63歳だった」にも「まだ六十三歳だったのに」という「書き手」の気持ちが反映していると思われる。一つ一つの文の終わりも、動詞ル形「始まる」「示す」、動詞タ形「超えた」「求めた」、体言止め「変更」「判明」「開始」「死去」と揃っておらず、「書き手」が自分の気持ちを抑えられないままに記事をまとめているようにみえる。

「先まわりする表現」と小題を付けたが、先まわりするのは、表現というよりも「書き手」の気持ちで、そういう「心性《メンタリティ》」が広がっていることを感じる。それは時に過剰であり、場合によっては押しつけがましい域にまで入り込み、大袈裟に見えたりもする。そして、先まわりをすることに意を用いることによって、表現そのものが上滑りなものに感じられたりすることもある。

新聞の見出しに付加される情緒

二〇一五年四月二十五日はＪＲ宝塚線の脱線事故から十年後にあたる。この日の『朝日新聞』夕刊には「10年前も青空　君を思う」という見出しの記事が載せられていた。もちろんこの見出しが伝えようとしていることはわかる。記事にはご遺族の方々の心境がさまざまに紹介されている。見出しの「君を思う」の「キミ」は「追悼(ツイトウ)のことばでは、改まった気持ちをこめて使う」(『三省堂国語辞典』第七版)という「キミ」に通じているように思われる。そういう悼みの気持ちの表現であろう。

ただ、この見出しの書き手は、この事故で亡くなった特定の人と繫がりがあるのだろうかと思う。追悼の場面で使われる「キミ」はそれを発する人と繫がりがあるはずだ。そうなってくると、この見出しの「キミ」は見出しの「書き手」からの、不特定多数の人に対しての呼びかけのことば、「書き手」の気持ちの表明ということにならないだろうか。それがいけないというのではないが、そうであるとすると、見出しはもはや記事を圧縮したものではないことになる。

同年二月二十二日の二十五面にはノルディックスキーの世界選手権で、伊藤有希がノーマルヒルで二位に入ったことなどを伝える記事の見出しに「伊藤、感謝の銀」とある。記事には「銀メダルを取った伊藤本人よりも、涙を流して喜んだのが、葛西紀明「監督」だった。伊藤が2013年から所属する土屋ホーム。そこの監督が、今も現役を続ける葛西だ。伊藤にとって、アドバイスを得るだけではなく、実際に競技をしている最高のお手本でもある」とある。また「伊藤は「適当なときに適度なアドバイスをくれる。葛西さんの経験が私の道しるべになっている」。師匠とともに勝ち取った銀メダルだった」ともある。したがって、「感謝の銀」は伊藤有希が現役で監督を兼務している葛西紀明に対して、感謝している、感謝の気持ちを表わしている銀メダルだということなのだろうが、記事のどこにも「感謝」という語は使われていない。記事は葛西紀明のほうが喜んだ、というところから始まっている。となると、書き手が伊藤有希の気持ちを忖度した見出しということにならないだろうか。

記事や見出しの書き手が自分の「気持ち」を表明していけないということはないのだろうが、まずは「客観的な記述」をしてほしい。記事を読まない前から見出しにおいて記事の「書き手」の「気持ち・情」を見せられてしまうと、記事の内容が正確にとらえられなくなる。

筆者が、最近感じる見出しの違和感は、記事との「平行性」がない見出しが増えてきていることに起因している。「書き手」の「気持ち」の表明を仮に「情緒的」と言い換えるとしよう。そうすると、「客観的」であるべき新聞記事の見出しが「書き手」の「気持ち」によって薄く覆われ、「情緒的」になってきているということが、「客観」が「情緒」で融かされているような、内部から浸みだしてくる何かによって、しらずしらずのうちに「客観」が劣化してきているような、そういうイメージをもつ。あるいは「情緒」という酸性雨によって、金属製の「客観」が錆び始めているようなイメージといってもよい。それが「しらずしらずのうちに」ということが特に気になる。

スポーツ関連の記事や見出しには「書き手」の「気持ち」がでやすいように感じる。書き手の「気分」が記事につねに薄くかぶさっているような感じといえばよいだろうか。

国と国との間で行なわれる国際試合である場合にはそれがより強くなるように思う。自国の選手を応援する気持ち、勝ってほしいという気持ちが自然に文章にこめられてしまうのだろう。それは自然なことと思う一方で、事実を知るための記事として読むとわかりにくいと思うことや表現として大袈裟だと感じることは少なくないように思う。

二〇一五年五月三日の、蘇州で行なわれた卓球の世界選手権に関しての『朝日新聞』の記事に、「来年のリオデジャネイロ五輪に向け「打倒中国」の壁は高い。水谷は「練習内容を変えなければならない」」、丹羽は「ラリーの能力を上げたい」と語った」とある。

この記事の見出しには「リオ五輪へ　中国の壁高く」とある。水谷が男子シングルス準々決勝で中国の張継科に敗れ、松平・丹羽組が男子ダブルス準決勝で中国の樊振東・周雨組に約三十分で敗れたことを受けての記事だ。中国が壁のように日本の前にたちふさがっている、というのが見出しにみられる「中国の壁」であるが、記事中の「「打倒中国」の壁」はおかしな表現にみえる。

「打倒中国」は中国に勝利するということだろうから、「「打倒中国」の壁」は「中国に勝利するという壁」になり、わからないことはない。しかし「中国に勝利する」ことは「壁」と喩えられるだろうか。「中国に勝利することは難しい」、「難しいこと＝壁」だから、「中国に勝利するという壁」という表現ができあがったように思われる。できあがったというよりも、自然に導き出されたといえばよいだろうか。あるいは「中国の壁」を越えること＝「打倒中国」であるので、それが混淆して「打倒中国の壁」という表現ができあがったか。いずれにしても、ここでは一歩一歩「情報」を(論理で)つないで「書きことば」がつくりあげられているのではなく、途中の一歩を言語化しないで飛ばして「書きことば」がつくられているようにみえる。

また別の面で少し気になるのは、「打倒中国」というかたちで鉤括弧が付けられており、そこに何らかの「気分」があるように感じられることだ。その「気分」とは当然記事の書き手の「気分」であるから、そうした書き手のいわば過剰な踏み込みが表現の論理を乱し、読み手にわかりやすいとはいいにくい表現をつくりだしているのではないかということだ。中国が強い、だから日本にとっては「壁」だ、というところまではいわば客観的な内容＝情報といえよう。

日本選手に活躍してほしいと思うのは日本の人にとっては自然だから、強い中国に勝ってオリンピックでメダルをとってほしいと思うのも自然だろう。そうした「気分」を一気にとりこんだのが「『打倒中国』の壁」という表現にみえる。

論理の途中の一歩を飛ばすことはあるだろう。しかし、その飛ばし方は、言語使用者に共有されたものでなければならない。書き手の一方的な「気分」で「途中の一歩」をはずし、飛躍を含んだ表現をつくってしまうと、読み手はその「論理」をたどることができなくなってしまう。

右の記事と同じ面に、ボクシングのWBOライト級一位の粟生《あおう》隆寛が四位のレイムンド・ベルトランに二回一分二十九秒でTKO負けした記事が載せられている。記事には「試合前、『世界にアピールしたい』と話していたが、逆に大きな壁にはねのけられた。31歳。今後については、『まったく考えられない』と話した」とある。

新聞記事は限られたスペースの中でつくられているので、ある程度の「圧縮」はしかたがない。右でいえば「31歳」はやや唐突にみえるが、ボクシング選手としては必ずしも若くはない年齢だから、今後どうするかということに関心が集まることをふまえてのことと思われる。気になったのは、「大きな壁にはねのけられた」だ。もちろん言わんとすることはわかる。

しかし壁は「はねのける」ものなのだろうか。「ハネノケル」の語義は「①勢いよく押しのける」「②選び出して取り除く」「③好ましくない状況や障害を勢いよく排除する」(『集英社国語辞典』第三版)であるので、「ハネノケル」主体がある。壁が動いて勢いよく「ハネノケ」たのだろうか。「壁がたちふさがった」ぐらいが自然な表現ではないかと思う。

やはり同じ面に「47戦無敗のまま5階級を制覇したフロイド・メイウェザー(米)を、いったい誰が倒すのか。長年、ファンの間で交わされてきた議論に、終止符が打たれるかもしれない」という記事がある。「長年、ファンの間で交わされてきた議論」はどんな「議論」なのかと思ってしまう。あるいは同じ記事中にある「リングで相まみえる、6階級を制覇したマニー・パッキャオ(フィリピン)は、打ち合いを好む超攻撃型だ」の「相まみえる」はどうだろうか。「アイマミエル」を見出しとしている小型の国語辞書は少ない。『三省堂国語辞典』第七版、『集英社国語辞典』第三版、『明鏡国語辞典』第二版、『新明解国語辞典』第八版、いずれも見出し項目としていない。「マミエル」にさらに「アイ(相)」を冠した「アイマミエル」は必要以上に「よそいき」の表現あるいは高揚した気分を映し出すような大袈裟な表現になっていないか。

三　解凍できない圧縮

壊される文の構造

冷凍食品もうまく解凍しないとおいしく食べることができない。そのように、「読み手」がきちんと解凍できないような圧縮は避けなければならない。

二〇一四年十一月一日の『朝日新聞』に「景気てこ入れ　総動員」という見出しの記事が載せられていた。これは日本銀行が追加金融緩和をすることを決めたという記事の見出しだ。「景気にてこ入れをするために、金融政策を総動員する」というような表現を圧縮した見出しだと思われるが、わかりにくい。「景気てこ入れ」は「総動員」の主語でもなければ目的語でもない。同じ記事の他の見出し「消費支出伸びず」であれば、「消費支出が伸びない」の圧縮であるので、「消費支出＝主語」「伸びず＝述語」という関係になっている。圧縮しない表現というものがまずあって、それを構造的に圧縮したものが見出しであってほしいが、「景気てこ入れ　総動員」は少し考えないと、「景気てこ入れ」と「総動員」との関係がつかめない。というより、両者の文法的な（と表現しておくが）関係は薄い。右の見出しは、見出しから完全な文が類推しにくい。

完全な文の構造を保ちながら、それを圧縮して見出しがつくられているのではなく、なんとなく、記事からキーワードを拾って、それを並べているようにみえる。いうまでもなく、キーワードとはキーになる語であるので、言語単位としては語であって、文ではない。拾い出したキーワードを文法的な関係に従って並べなければ、文の構造を含んだ圧縮とはいえない。そうした意味合いにおいて、キーワードを拾い出すことと、内容＝情報を圧縮することとは根本的に異なる。

同じ記事には「日銀サプライズ緩和　市場反応」という見出しも附されている。「市場をあっと驚かせた追加緩和」(記事)だから「サプライズ緩和」なのだろうが、くだけた見出しともいえよう。「物価目標達成へ背水」ともある。「背水」は「背水の陣」を圧縮したのだろうが、「他山の石」を「他山」、「漁夫の利」を「漁夫」と圧縮するようなものではないだろうか。

二〇一九年一月二十五日の『朝日新聞』夕刊に「言葉に共感　向き合う人生」という見出しの記事があった。記事内には「生きることの素晴らしさ、人生に向き合う大切さがくみ取れる脚本だと感じました」という清原果耶のことばがある。ここでは「(誰かが)自身の人生に向き合う」ということが述べられている。しかし、見出しは「向き合う人生」だ。

「ムキアウ」という動詞は、基本的に「〜ガ〜ニ向き合う」という構文で使われる。だから「向き合う人生」という見出しは非常にわかりにくい。「人生が(何かに)向き合う」ということなのだろうか、とまで考えた。しかしそうだとすると「何に」? この見出しを書いた人に、「どういうことを意味しているのでしょうか」とたずねてみたい気がする。

新聞の「経済」面に「画面折りたたみスマホ　熱視線」(二〇一九年三月二日『朝日新聞』)という見出しの記事が載せられていた。「熱視線」とはどういうことだろうと思って、記事をよく読んでみたが、特に対応するような箇所が見当たらない。「熱視線」はそのまま自然に考えれば、「ネツシセン」という発音の語になるはずだが、「熱い視線(を送っている)」ということなのだろうか。そうだとして、それを「熱視線」と省略できるだろうか。ならば「冷たい視線」は「冷視線」ということになる。こういう「解凍」しにくい見出しが急速に増えてきたように感じる。『Rika Tan』という雑誌の広告があった。よくみると「理科の探究」と小さく添え書きされていたので、これは省略語形が雑誌名になっているのだろう。

同じ三月二日の夕刊には「場外現役」という大きな見出しが載せられていた。「築地市場閉場5カ月」「減る日本人観光客・料理人…460店奮闘」という小見出しもある。「築地場外市場」で現在も約四六〇店舗が営業しているという記事だった。「場外現役」は

「生涯現役」にかけた表現だろう。しかし、記事には「日本人観光客は減ったまま」ともあり、記事内容とそぐわない、少しずれがある。「場外奮闘」ぐらいではないだろうか。新聞の見出しの役目は、記事内容を一目でわかるようにコンパクトにまとめるということが第一で、それが記事内容と齟齬があるのでは「羊頭狗肉」になる。

退く「理」――わかりにくさがわかりにくい

少し前から「キャッチー」という語がいろいろな場面で使われるようになってきた。『三省堂国語辞典』第七版（二〇一四年）は見出し「キャッチー」を「人に受けそうなようす。人の興味を引きそうなようす」と説明している。「聞蔵Ⅱ」で検索をすると、二一二件がヒットする。一九九五年三月三日の夕刊の記事で「どの曲も耳に残る親しみやすさ、いわゆるキャッチーなメロディーにあふれている」というかたちで使われた例がもっとも古い。二〇二〇年十二月三日の『朝日新聞』朝刊では、「キャッチーなワンフレーズを「改革」の旗印に使う。わかりやすいが、本質からずれた議論になりかねない」というかたちで使われていた。

新聞の見出しが、記事内容のわかりやすい圧縮から、「キャッチーなワンフレーズ」になりつつあるのではないだろうか。まず「読み手」をキャッチする。新書でいえば、まず手にとってもらう。内容はそれからだ、ということかもしれない。ここにも内容を飛び越えた「先まわり」がありそうだ。

「キャッチー」は「受け手に「おや」と思わせる」ということでもあるので、「場外現役」のようなだじゃれ的な表現が使われたり、「熱視線」のようなあまり目にしない語が使われたりする。「つかみ」は理屈ではないから、「理」が後景に退きやすい。

二〇二〇年の「ユーキャン新語・流行語大賞」は「3密」だった。他にも新型コロナウイルスの国内感染にかかわる「アベノマスク」「アマビエ」「オンライン〇〇」「GoTo キャンペーン」などが受賞している。「3密」は「密閉・密集・密接」であるが、まさにキャッチーといえるだろう。「東京アラート」「五つの小《こ》」などが次々と東京都知事から「発信」された。「キャッチーなワンフレーズ」は「エビデンス」に基づく一歩一歩の「理」ではなく、「受け手」の「情」にはたらきかけ、もっとも抽象度の高いところに「受け手」を回収する。それが必要な場合もあるかもしれない。しかしそれではすまない場合も当然あるだろう。「情と理」「具体と抽象」は実は言語を観察する重要な観点になる。

新聞の「総合2」面に「マンション解体　いばら道」（二〇一九年五月十日『朝日新聞』）という大きな文字の見出しがあった。記事を読んだが、「いばら道」に対応するような表現はみられなかった。

「ヨノナカ」は「世の中」と文字化することが多いが、「世中」と文字化することもある。「世の中」は「ヨノナカ」だが、「世中」は「ヨナカ」だ、ということにはならない。それは、「ヨノナカ」という語であることを知っているからだ。「源義経」「平清盛」「枕草子」がそれぞれ「ミナモトノヨシツネ」「タイラノキヨモリ」「マクラノソウシ」を文字化したものだ（つまりそう読む）ということは、それぞれの語を知っているからにほかならない。このことからすれば、「イバラノミチ」を「いばら道」と文字化できなくはないことになるが、しかし、そういう文字化が必ずしも多くないことからすれば、「いばら道」は「イバラミチ」を文字化したものだろう。そうだとすると、「いばらの道」と「いばら道」とは一文字しか文字数が異ならない。一字を省いて圧縮することにどれだけの意義があるだろうかと思ってしまう。この見出しの文字はかなり大きい。文字を少し小さくすれば一字増やすことはできる。しかし、文字の大きさではなくて、言語そのものに手を加えることが選ばれた、ということになる。

「聞蔵Ⅱ」によって「いばら道」を検索してみると、五七件がヒットする。多くはないが、使われないということでもないことがわかる。もっとも古い例は「差別にぼう然、女いばら道」（一九九四年十月一日『朝日新聞』夕刊）であった。

二〇二〇年十二月八日の『朝日新聞』朝刊には「首相が別の表現　波紋」という見出しが載せられている。「自由で開かれたインド太平洋（ＦＯＩＰ）」についての記事であるが、「平和で繁栄したインド太平洋」という表現を使ったことに関して、記事には「日本政府の発信が揺れて波紋を呼んだ」とある。そうしたことに対応した見出しであるが、「波紋」が少しわかりにくい。つまり「別の表現」と「波紋」とがどうつながるかが類推しにくいということだ。

例えば『広辞苑』第七版は見出し「はもん（波紋）」を「①水面にものを投げた時などに、輪のように広がる波の模様。「―を描く」「―が広がる」②関連してつぎつぎに及んでいく変化や反応。影響。「学界に―を投ずる」③波形の紋」と三つの語義に分けて説明している。

「政府の発信が揺れ」たことによって、その影響がまわりに出たということであろう。影響がじわじわと広がっていくさまは「輪のように広がる波の模様」と合っているといえよう。しかし、「別の表現」と「波紋」との関係がすぐにはわかりにくい。記事に「波紋を呼んだ」とあることを受けての見出しともいえるが、この「波紋を呼んだ」も少しわかりにくい。「波紋」は「ヨブ（呼）」ものなのだろうか。『広辞苑』が使用例をあげているように、「ハモン（波紋）」と結びつく動詞は「エガク」「ヒロガル」が一般的であろう。ただし、「聞蔵Ⅱ」で「波紋＆呼ぶ」で検索すると「波紋」一万七七五四件のうち六七四件が「波紋を呼ぶ」というかたちであることがわかる。したがって、これはすでに（ある程度にしても）定着している表現ということになるが、池の真ん中に石を投げ込むと波紋が広がるというようなもっとも基本的かつ具体的なところを起点にすると、「ハモン（波紋）」を「ヨブ」というのはやはりわかりにくい。

右の例では、新聞の見出しの圧縮が少しわかりにくいということと、「波紋を呼んだ」という比喩表現がわかりにくいのではないかということとが同時にある。まったくわからないとまではいえない。しかし、何かひっかかる。その「何かひっかかる」ということが一つの表現に関して、複数重なってくると、その表現のわかりにくさを説明するのも難しくなってくる。つまり「わかりにくさがわかりにくい」という状態になる。そうすると、「あれ？」と思って少し考えてもどこに自分がひっかかっているかを説明することも難しい。結局「ま、いっか」となり、こうしたことが浸潤していく、ということではないだろうか。「ま、いっか」はわかりやすい側で、言語表現を回収してしまうということでもあるし、抽象度のきわめてたかい「ざっくりしたまとめ」ですます、ということでもある。

「熱視線」「いばら道」は新聞の見出しだからそのように圧縮されたかどうかは不分明ではある。見出しとはかかわりがないのであれば、それは省略語形ということになる。しかし、省略語形であれば、それが省略されていない語形を想起させる必要もある。「想起させる」は「回路でつながっている」ということでもある。

ただし、ある世代が使う語、という場合は、それを使うことによって自身がその世代であることをいわば「アピール」するということもある。女子高生が「お父さんにはわからないでしょ」という感じで、「ぴえん」と言ったりすることはあるということだ。言語の運用は、総合的にみると複雑で、「こうあるべき」とは単純にはいえないことが多い。最後に言語の変化と世代差についても触れておこう。

「ヤバイ」の世代差

二〇一四年六月一日の『朝日新聞』(朝刊)にニック・ビルトン著の『ツイッター創業物語』という本が採りあげられている。その書評記事には「昨年上場時の時価総額が約250億ドルに達したTwitterは、有名大学の学位を「いちいち褒めちぎるグーグル社員の世界」とは対極の場所から始まった。前身となったスタートアップ(一獲千金を狙う新興会社)に集まったのは、「体制なんかくそくらえ」という「ハッカー精神を備えた一団」。そこにいた4人のメンバーを軸に、創業から現在に至る物語が、ジェットコースターのように展開する」とある。

右の記事では「ハッカー精神」という「精神」を備えた「一団」がいて、その「精神」とは

「体制なんかくそくらえ」ということであることが説明されている。『三省堂国語辞典』(第七版)は、「ハッカー」の語義を「①コンピューターの達人」と「②通信回路を通して、他のコンピューターに不法に侵入し、内部のデータやプログラムを破壊する者。クラッカー」と二つに分けて説明している。右の記事のハッカーは①の「ハッカー」であろうが、②だと思っている人は「?」となってしまう。現在は②をクラッカーと呼ぶことが多くなってきた。

本来的には区別があるものの区別を無視してどんどん一つに括っていくということは、他との「差」によって構造的に成り立っている言語そのものを脅かすことになる。そもそも微妙であっても「差」があった「A」と「B」を一つの「X」に括ってしまうと、「Aの場合のX」「Bの場合のX」があることになる。同じ外見をしたXの内実が実は二つに分かれているということになる。

『三省堂国語辞典』は見出し「やばい」の語義を四つに分けて説明している。

①あぶない。「—仕事・—、警察が来るぞ」
②まずい。だめ。「そのやり方では—」
③すばらしい。むちゅうになりそうであぶない。「今度の新車は—」

④（程度が）大きい。「教科書の量が――・――（＝すごく）おいしいよ」

そして「③は一九八〇年代から例があり、二十一世紀になって広まった言い方。④はそのあとに広まった」と説明を加えている。①②をマイナス的、③④をプラス的と括るならば、「ヤバイA」「ヤバイB」ということになるが、とにかく一つの語が正反対にちかい語義を備えていることになる。筆者は「ヤバイA」で言語生活を送っていたので、初めて「ヤバイB」を耳にした時に驚いた。実際の言語生活においては、語は文の中で使われ、その文は文章中にあることがほとんどであるので、「ヤバイ」の前後の語、「ヤバイ」を含む文の前後の文によって、「ヤバイA」か「ヤバイB」かがおよそ判断できるはずだ。そうではあるが、場合によっては判断が難しくなることがないでもない。文を単位として、あるいは文章を単位としてもわかりにくいということになると、発信者と受信者とが共有している「情報」を総動員して判断するということになる。そうすると世代差が出やすくなる。

第二章　「私」の時代の書きことば

言語は時間の経過に伴って必ず変化する。現在、その変化が、とくに「書きことば」において顕著で、「情報」のうけわたしになんらかの「支障」を生じているように感じられる、ということを前章で述べた。ある言語変化をどのように感じるか、ということには当然個人差がある。筆者の日々の言語生活も筆者という生物の行動範囲に収まっていることはいうまでもない。異なる行動範囲をもつ言語使用者にはまたその言語使用者の言語生活があって、筆者とは異なる感覚をもっていることだろう。だから、「日本語が壊れてますよ」と声高に主張するつもりはない。筆者の日々の言語生活の中で感じる、こういうことはどうだろうか、という「気づき」を述べた。

その「気づき」にある程度同意してくださる読者とともに、ここからは、筆者が感じたような変化がなぜ起こっているのかについて考えてゆきたい。

一　思考の器としての言語

思考の器としての言語表現

序章において「話しことば」「書きことば」は「他者に伝えたい情報」を盛る「器」と考えたいと述べた。言語化される前の「情報」は脳内にあることになる。

「あの人は何を考えているかわからない」という表現がある。そのように、他者が考えていること＝「思考」は可視化されていないのでわからない。他者どころか、自身が考えていることもはっきりしないことだってある。そのわからない、はっきりしない「思考」にかたちを与えるのが言語だ。「話しことば」「書きことば」は「思考の器」でもあることになる。

まず「思考」があって、それを「盛る器としての言語（表現）」があるとみるのが順序ではある。その順序からすると、「思考」が一次的なもので、「言語（表現）」は二次的なものということになる。しかし、うまく言語化しようと思っていろいろと工夫しているうちに、考えがきれいにまとまってきたという経験は誰にでもあるのではないだろうか。さあ料理が出来上がったから、これを盛り付けてください、というように、料理＝思考と皿＝言語の関係ははっきりしているのではなさそうに思われる。そう考えると、言語は「思考を盛る器」ではあるが、「思考」と完全に切り離されているのではなく、「思考」と深くかかわっているとみるのがよさそうだ。

ヒトがどうやって思考しているかといえば、言語を使って思考しているのだ、と考えると、「言語」と「思考」は一体のものとしてある、とみることができる。最近手に入れたあの中国の青花の器に盛ることを考えながら、それにふさわしい料理を作るということだってあるだろう。これは器に合った料理を作るということで、言語が思考につよくはたらきかけることだ。

そこで気になるのが「ざっくり」という言葉の氾濫と、その使われかただ。

ざっくりまとめる

例えば『岩波国語辞典』第八版は見出し「ざっくり」を「①大きく断ち割るさま。切り口が大きく開いたさま。「スイカを―(と)切る」「―(と)口を開いた刃物傷」②大まかなさま。「―(と)分類する」③編み目・織り目などが粗いさま。「―と編んだセーター」」と説明している。「ざっくり編み」という語もある。

筆者の感覚でも、「ザックリ」は①③であった。ところがある頃から②の使い方がされるようになった。「聞蔵II」で検索してみると、「果物、コンデンスミルク、生クリーム、材料を三分の一ずつ入れながら、泡が立たないようにざっくり混ぜる。これを三回繰り返す」(一九九四年十月二十八日『朝日新聞』朝刊)、「炊き上がったら、サケを皿に取り出して骨を取り除き、身をほぐして炊飯器に戻し、全体をざっくり混ぜます」(一九九五年一月五日『朝日新聞』朝刊)という記事がヒットした。これらは食材を混ぜるという表現として使われた「ザックリ」だ。食材をザックリ切るという表現が切ることから混ぜることにスライドしているようにもみえる。例えば「スカートより圧倒的にパンツ派で、ゆったりざっくりと着られるもの」(一九九五年十二月五日『朝日新聞』朝刊)は編み目や織り目から、衣服の着方の修飾に「ザックリ」がスライドしたのではないか。具体的なことがらの表現が抽象的なことがらの表現へ使用域を拡大することは多いので、そうした変化といえるだろう。

一九九六年十月十三日の『朝日新聞』の朝日歌壇の馬場あき子の「評」に「内面をざっくりうたっているのが魅力」とある。この「ザックリ」は食材についての表現でもなければ、服飾についての表現でもない。「「こまごま教えられても、『ながら』で見ている視聴者は困っちゃいます。ざっくりわかればいいんです」」(一九九六年十二月十五日『朝日新聞』朝刊)も同様で、「ダイタイ」と置き換えられるような「ザックリ」だ。「気のおけないミュージシャンたちとのラフなセッション感覚がより強調されている。ざっくりとしたロックサウンドには、あえて、ポップから距離を置こうという彼女自身の意図が見えるようだ」(一九九八年十月二日『朝日新聞』夕刊)の「ザックリ」は「ダイタイ」とは置き換えられない。直前で使われている「ラフな」

にちかいだろう。

「聞蔵Ⅱ」の検索では、このあたりから②の「ザックリ」が増えていく。最近の例もあげておこう。「強みは高いデザイン力と、コンピュータ制御で図面通りにプラスチックを切断できるNCルーターという機械を使った加工技術だ。ざっくりしたイメージさえもらえば、図面を描き、複雑な形でも正確に再現できる」(二〇二〇年十月十七日『朝日新聞』朝刊)。「イメージ」そのものがいわば無定形なものであろうが、それがさらに「ザックリ」したとなると、そうとうぐにゃぐにゃ、ぼわぼわした感じになるが、「ザックリ」の語義がどんどん「ザックリ」していっているようにもみえる。

二〇〇八年頃だったかと思うが、出版社の編集者の方と企画の話をしていて、「ザックリ言えば」と言われて驚いたことを覚えている。出版物の企画は、なかなかザックリとはいかない。細かい点まで考えて企画を作ることがほとんどだから、「ザックリ」は、ことば使いとして粗っぽいと感じたし、それが企画に反映しないかと心配になった。「ザックリ」という語を器として「ザックリ」使っているうちに、思考も「ザックリ」していくのではないかという危惧だ。「ザックリザックリ」言ってますが、思考は緻密なんですよ、と言えるのかどうか。

論理的な「書きことば」

さて、「文」をあるまとまりをもってつなげたものが「文章」だと考えることにしよう。「あるまとまり」は小説であれば「ストーリー」ということになる。論文、論説文のようなものにとっては、「論理的なつながり」ということになるだろう。「論理的」という語もよく使われる語であるが、「論理的」とは何か、ということになると案外と定義するのが難しい。

例えば『新明解国語辞典』第八版は「ろんりてき(論理的)」を「前提とそれから導き出される結論との間に筋道が認められて、納得が行く様子だ」と説明している。

「前提」も「結論」も「情報」であるとすれば、「情報」と「情報」とが「筋道」によって結びつけられている、と考えておくことにしよう。多くの人がその「筋道」をたどることができるのが「論理的」といってもよいだろう。そこに、読み手がたどることができないような「飛躍」がないといってもよい。個人的な(言語)経験や個人的な感覚に基づく「情報」ではない、ということも大事かもしれない。あまりに個人的な(言語)経験や個人的な感覚に基づく「情報」はそもそも多くの人が「情報」として受けとめ、認定できるようなものではないはずだ。

このように、「論理的」を「多くの人が情報と情報とのつながりをたどることができること」とみた場合、「思考」を「情報」というかたちに言語化し、その「情報」を道筋をつけて並べ、つなげていくと、多くの人が理解しやすい「書きことば」が構築できる。先に述べたように、「思考」が言語化によってかたちをもつ、と考えれば、「思考が論理的」であるということは、「書きことばが論理的」ということで、「書きことばが論理的」であれば、当然「思考が論理的」だということになる。

ところで、筆者は二〇〇三年の九月頃に、体調が不安定になった。回復に少し時間がかかったので、勤務先の同僚や職員の方には迷惑をかけて申し訳なかったが、またそういう方々にいろいろと助けていただいてありがたかった。そしてそのことは「経験」としては意義があったと考えている。

自律神経は、自律しているのだから、脈拍のように自律神経がコントロールしているものは自分の意識ではコントロールできない。呼吸も自律神経がコントロールしているものであるが、呼吸は自分の意識である程度はコントロールできるので、呼吸法によって呼吸を整えることによって、自律神経にはたらきかけることが（ある程度は）できる、ということをウエルネスセンターの職員の方に教えてもらった。この方のさまざまなアドバイスによって、おそらく通常よりもだいぶ早く、体調を回復に向かわせることができた。

体調が回復に向かったこと自体がもちろんありがたいことであったが、自律神経と呼吸のように一体化しているものの、一方にはたらきかけることによって、もう一方を調整するという「発想」は筆者にとって新鮮なものだった。特に、具体的にはたらきかけにくいものに対して、具体的にはたらきかけることができる側を介してはたらきかけるという「方法」があるということを知ったことがよかった。

話を戻すと、「思考」と「言語表現」とは、自律神経と呼吸のように一体化している。「思考」を鍛える、「思考」を磨くというが、「思考」に直接はたらきかけることはできない。頭の中に手を入れてかきまわすわけにはいかないよね、と学生に話す。では、どうやって鍛え、磨けばいいのか。アウトプット側、すなわち「言語表現」にはたらきかけるといいのだ、というと学生は「なるほど」という顔をしてくれる。「言語表現」を整えることによって、「思考」を整えることができるはずだし、結局は「言語表現」を通してしか、「思考」を確認することができない。そうだとすると、「書きことばの混濁」はそのまま「思考の混濁」をあらわしていることになる。

言い換えがうまくいっているか?

一九八八年四月十一日の『朝日新聞』の朝刊の「天声人語」欄に「偉大なるヤンチャが亡く

なった。文化勲章受章者で京都大学名誉教授の桑原武夫さん」とある。記事では今西錦司、梅棹忠夫、梅原猛、鶴見俊輔の名前を挙げて、「桑原山脈につらなる人たちはみんな、一つの枠におさまりきらない▼いま、大学からも一般社会からもそんなヤンチャが少なくなっていく。だれもが与えられた領域にとじこもり、他の分野の出来事には関心を示さなくなってきた」ともある。

『三省堂国語辞典』第七版(二〇一四年)は「やんちゃ」を見出しにして、「①子どもがだだをこねること。わがまま。また、そういう子ども。「―で困ります・―ぼうず」②〔若者が〕ぐれること。非行。「若いころは、ずいぶん―をした」③型破りで、いきおいがあること」と、語義を三つに分けて説明している。桑原武夫の「ヤンチャ」は③であろう。

『三省堂国語辞典』第七版は見出し「ひこう(非行)」を「①〔文〕してはならない、悪いおこない。「―をあばく」②青少年がする、社会の決まりにそむくおこない。暴力・万引き・タバコ・シンナーなど」と説明している。「社会の決まりにそむくおこない」となると、法律に触れる行ないも含まれてくる。万引きは犯罪だ。そうした触法行為を「若い頃はずいぶんやんちゃをした」と述べることで、触法行為が曖昧にならないだろうか。

子供がだだをこねたり、大人がびっくりするようないたずらをするということと、青少年になって触法行為をするということを一つの語でいわば括る。そのことで①と②との境界線が曖昧になる。「思考」側で①と②とを分けていても、入れる「器」が一つであると、そこに①と②とを入れるしかない。「アウトプット＝言語」が一つであることによって、「思考」で①と②に分けていることが次第に曖昧になっていくのだとすると、「器＝入れ物」がそこに入る「情報＝思考」に影響を与えるということだ。今まで曖昧にとらえていたことがらをきちんと二つに分けてとらえるために、「器」が二つ必要になるということはあるだろう。逆に「器」が一つになってしまったために、ことがらを二つに分けてとらえにくい、ということもおこる。「情報」を盛るための「器」である「言語」は結局は単なる「器」ではなく、「情報」そのもの、ひいては「思考」にふかくかかわる。

粗い「思考」が粗い「器＝言語」に盛られるのだとすれば、粗い「器＝言語」には粗い「思考」しか盛ることができない。このことが深刻に思われてならない。

多様性を隠す紋切型

問題は、「混濁」だけではない。「器」は「型」でもある。潜在化している、あるいは顕在化されていく「多様性」を的確にあらわす語や言語表現をもたなければ、いつまでも「紋切型の表現」を使うことになる。そして「紋切型の表現」は、顕在化されていく実際の「多様性」を結局は表現できない。つまり「実際の多様性」を捕捉できない。「多様性」を理解しようというかけごえばかりが響いているということはないだろうか。

二〇〇三年に発表された角田光代「愛がなんだ」が二〇一九年に映画化されている。二〇一九年六月一日の『朝日新聞』夕刊の「富永京子の／モジモジ系／時評」という欄で、その映画のことが採りあげられていた。記事中には次のようにある。

原作小説が発表された16年前と比べ、現在のドラマや映画において、過去なら「恋愛」や「結婚」と一口にくくっていたであろう関係の多様性は目を見張るほどだ。16年前には想定しなかったほどに多様性が顕在化された中で、恋や結婚といった型にはめ込まれるような関係ばかりではないと、私たちはすでに感づいている。(中略)既存の関係とそれを表す言葉のなかに自らを安住させず、あくまで関係の再解釈を続けようとするテルコの姿は、街にあふれる「癒やし」の言葉とは全く異なる、妙な推進力と爽快感がある。

富永京子は、「街にあふれる「癒やし」の言葉」と述べている。紋切型の「「癒やし」の言葉」は甘美で心地よいことが多い。甘い物が食べたいこともある。しかし、甘い物ばかり食べていては体によくない。「情的」側面をいたわることも必要だが、「理的」側面を大事にすることもそれと同じように必要だろう。

第一章における筆者の「気づき」はここに関わる。「書き手」が「コンテンツ」の論理的な吟味もそこそこに、一気に「読み手」側に「先まわり」していないかということを述べた。それは、言語の「情的」側面ばかりが先立つ、ということである。「書き手・コンテンツ・読み手」の「コンテンツ」が不十分ということもあるかもしれない。しかし、「書き手・コンテンツ・読み手」の「読み手」が意識されていないのだ。読み手が意識されていない、ということは、経験の「共有」が意識されていないのではないだろうか。

二　他者の不在――「共有」から考える

経験を共有する

長田弘『読書からはじまる』（二〇〇六年、ＮＨＫライブラリー）に次のようなくだりがある。

人と人をつなげるだけの共通の時間が、どんどんもちにくくなってきています。人と人をつなげることのできる共通の経験も、もはや分けあえにくくなっています。共通の記憶をつくる共通の言葉自体、わたしたちのあいだには、だんだん乏しくなってきているのかもしれません。

だれもがみんな別々ですが、だれもがみんな別々というのは、多様性とは違います。ただばらばらというだけで、そんなふうにただばらばらでは、腰が引けて当然です。

この話はできない。あの話ができない。そんなふうに、おたがいのあいだでできない話がふえているという事態が、日常のいたるところに生じているのだと思えます。

「人と人をつなげることのできる共通の経験」が少なくなる。「共通の記憶」は「共通」だから、お互いの記憶をすりあわせ、確認する必要がある。それは言語で行なうしかない。すりあわせ、確認するためには、自身の記憶を論理的に言語化しなければならない。「言わなくてもわかるでしょ」ということでは「共通」を確立できない。そして、すりあわせや確認には手間暇がかかる。そういう「共通の時間」をもつことができない。かくて、自身を確認するための

「他者」の存在も希薄になっていく。「共通の経験」をもたない他者について、思いやることは難しい。「経験」は具体的なものだから、根っこにあるといえよう。その「根っこ」が共有できていないとなれば、ことばはふわふわと空中を漂うことになる。

「すりあわせ」は大事だ。自分の「持っているもの」はこれです。あなたの「持っているもの」は何ですか？　と問いかけ、お互いの「持っているもの」を付き合わせて、ではこれとこれとは「共通」していますねと確認する。その「すりあわせ」によって、自分が他者と案外多くのものを「共有」しているということに気づいたり、こういう面では、あまり「共有」していないのだということに気づいたりする。「すりあわせ」が滑らかに進行するのが理想だが、「すりあわせ」によって摩擦が生じることもあるかもしれない。摩擦で、傷つくということもあるかもしれない。しかしそういうこと抜きには「すりあわせ」はできないともいえよう。

摩擦が生じ、傷つくことを避けようとするあまりに、具体的な「すりあわせ」をせずに、一気に結論だけ「共有」しようとするならば、それも「飛び越えて先まわり」だ。あるいは、「持っているもの」が共通してそうな他者とのみ「すりあわせ」をして、「ああ、ほとんど同じですね。安心するな」ということはないだろうか。違うものを持っているから他者なのであって、すべて自身と同じであれば、それは他者とはいえなくなる。

誰と誰とが何を共有するのか

「共有」の変化についてもう少し考えてみたい。

『岩波国語辞典』第八版は「共有」の語義を「①共同で所有すること。「―財産」「―地」「秘密を―する」②法律で、自分の持ち分に所有権があること。▽↓そうゆう(総有)」と説明している。②は措くとして、「ヲ共有スル」が基本的なかたちとして示されている。

二〇二〇年十二月十日の『朝日新聞』朝刊に「関係者によると、四社の談合は一四年に始まった。各社の幹部は入札前に、どの社がどの医薬品を受注するのかを協議。各社の応札予定額を決め、他社に共有していた」という記事があった。

ここでは「AとBとがXを共有」という構文あるいは「AがXをBと共有」ではなく、「応札額を他社に共有」「XをBに共有」という構文になっている。これは「応札額を他社に連絡」とちかい。「共有」をめぐる「気分」が助詞の選択を変えさせているのではないだろうか。「に共有」は少なくない。「気分」とは、誰と誰とが何を共有しているかよりも、どの範囲に共有されているかが大事という「気分」だ。「誰と誰と」も消え、「何を」も消え、ということになると、無人の空間に「共有」という「気分」だけが漂っているようなことになり、他者どころか、自分も消失しているということになってしまう。

> 新型コロナウイルスにより多くの課題が浮き彫りにされました。給付金をはじめとする政府のデジタル化の遅れなど、既存の制度では対応しきれていない現状が広く社会に共有される契機になったと思います。（二〇二〇年十一月四日『朝日新聞』朝刊）

右の「社会に共有される」は「社会に認識される」と言い換えることができそうだ。そうだとすると、「共有」という語の語義の中核にある〈共同で所有〉の〈所有〉という語義が希薄になっていることになる。〈所有〉が希薄になれば、「何ヲ」も希薄になる。あるいは「何ヲ」が希薄になった結果、〈所有〉という語義が後退したといってよいかもしれない。

> 羽田教諭によると端末では、紙に書いて黒板に貼り出すなどの作業がなく瞬時に共有できることから、調べ学習の時間を三分の一に短縮でき、話合いや作文の時間に余裕が生まれた。（二〇二〇年九月十日『朝日新聞』朝刊）

右の例は「瞬時に共有」なので、「に共有」の例ではないが、右では「何ヲ」が文には示されていない。文に要素として示されていない場合は、示さなくてもわかることが多いが、右はそれもはっきりしない。おそらく「調べ学習で各グループがやったこと」ぐらいが「何ヲ」にあたるのだろうが、「何ヲ」よりも「共有」できるかできないか、に話の重点があるように感じる。

「共有」の強制

最近のスマートフォンのカメラ機能は優れていて、奇麗な写真を撮影することができる。日常生活の中で、これはちょっと写真に撮っておきたいと思う物や風景を手軽に撮影できる。時には、帰りのバスの時刻表を撮影しておく、ということもできる。

保存してある写真は簡単に「共有」できる。筆者はアンドロイドを使っているので、三つの○を「く」のような形につないだ「共有」をあらわすアイコンが出てくる。iPhone ではまた違うアイコンが使われている。それらのアイコンにタッチすると、どういうアプリで共有するかを聞いてくる。Gmail を選択すれば、Gmail を使って、その写真を誰かに送ることができる。スマートフォン上の「共有」はかくも手軽だ。「共有」というよりも、この場合であれば一方的に送りつけているといってもよい。このプロセスに「相手」すなわち他者が介在していない。奇麗な紅葉の写真を撮ったから、あなたに見せたいので、送ってもいい？と聞いてから送る人がいないということはないだろうし、多くの場合は、メールに写真を添付するだろうから、そのメールに何か書くのが一般的であろう。だから、手で書いた手紙に写真を一枚添えたということと同じだというみかたもできる。しかし、その場合「写真を共有」とは思わないし、表現しないだろう。

右のような「共有」は「持っているもの」を「すりあわせ」て、その結果共有しているものがあることがわかったのではなく、発信者が「持っているもの」を受信者に送りつけたから、当然の結果として「共有」という状態になった、ということだ。「一方的な共有」といってもよい。

一方的に送るのだから、当然であるが、そこには「あなたは共有したいですか」という問いかけもないし、もしかしたら、「あの人はこれを共有したいと思うだろうか」という自身への問いかけ、その問いかけに基づく判断もないかもしれない。「共有する必要があるかないか」「共有したいと相手が思っているかどうか」というような問いをプロセスとして含まない「共有」は「強制的な共有」にちかくなる。

ではなぜ、「共有」はこのように変わってしまったのだろう。

三　あるがままを認めてほしい——匿名の時代

「ありのままで」

第一章で、新聞の記事に、記事の書き手の「気分」が濃厚に織り込まれているのではないか、ということを述べた。そうした「書き手の気分」をつよく反映した「書きことば」の拡大も、ネットを中心とした、書き手の急激な増加、「打ちことば」の拡大とかかわっているように思われる(「打ちことば」については、あとで述べたい)。そうした「書き手」の背後には、「ここにいる私を(そのまま)認めてほしい」という「気分」があるのではないか。「「私」の時代の書きことば」とでも呼べばよいだろうか。

二〇一三年のディズニーアニメ映画『アナと雪の女王』に使用された、クリステン・アンダーソン＝ロペス、ロバート・ロペス作詞作曲の楽曲「レット・イット・ゴー(Let It Go)」は、「レリゴー」と愛称され、「ありのままで」という日本語題名で日本でもヒットした。翌二〇一四年の新語・流行語大賞の候補五十語に、「ありのままで」「レリゴー」がノミネートされ、

「ありのままで」がトップテンに入った。また、大和ネクスト銀行が調査した五十歳から七十九歳までの「シニア層」が選ぶ、二〇一四年の「心に響いた歌」のランキングでは第一位を獲得している。二〇一三年から二〇一四年にかけてはこの「ありのままで」があちらこちらで響いていた。

そんなことは関係がないかもしれない。しかし、「ありのままで」は「ありのままのあなたを認めましょう」ということではなく「ありのままの私を認めてほしい」とどうしても聞こえてしまう。そういう気持ちがこの楽曲のヒットになにほどかははたらきかけていたのではないか。

自己肯定することも大事だろう。しかし、例えば、あるテーマについて十人で話合いをしていたとする。十人が十人ともすみからすみまでまったく同じ意見ということは稀だろう。だいたいは同じでも少し違う。あるいはAさんとBさんとは正反対の意見だね、ということだってあるはずだ。そんな時に、Aさんを「ありのまま」すべて認めましょう。Bさんも「ありのまま」すべて認めましょう、ということはできない。そうすることは、「結論」を放棄することになる。

今日の夕ご飯のおかずは何がいい？ と家族四人にたずねる場面でもいい。こんな場面だって、希望は分かれるのではないか。お父さんは刺身が食べたい、お兄ちゃんはカレーが食べたい、妹はハンバーグがいい。お母さんは、それぞれの希望を「ありのまま」認めて、すべてつくるのだろうか。つくる人もいるかもしれない。しかし、レストランではないのだから、そういうことを毎日やることは難しいはずだ。

具体的な生活、場面では「ありのままで」とはいかない。つまり「ありのままのあなたを認めましょう」がそもそも成り立たないことはわかっている。だからせめて歌では「ありのままの私を認めてほしい」ということになるのかもしれない。しかし、それは歌で、と思っておくべきだろう。

過剰に受け手の気持ちを斟酌《しんしゃく》して「先まわり」することがある。その一方で、「ありのままの私」を認めてほしいと思う。「過剰に」は「頼まれてもいないのに」と言い換えることができるかもしれない。そうすると、「受け手」のことを考えているようで、実は自分がやりたいようにやっているということかもしれない。そう考えると、一見相反するようにみえる「受け手の気持ちを斟酌した先まわり」と「ありのままの私を認めて」は「前面にでてきた私の気持ち」という点で共通しているともいえよう。

強気の私

「前面にでてきた私の気持ち」をインターネットが後押しする。

「話しことば」は発信者と受信者とが「場」を共有していると先に述べた。その場合の「場」はまずは具体的な「場」だから、発信者と受信者とが「場」を共有していれば、お互いの顔がみえる。名前はわからないということはあるだろうが、講演会をしていて、聴衆の一人が立ち上がって、「ばかばかしくて聞いていられない」と発言したら、「あなたの名前を教えてください」と言うことはできる。

二〇一九年三月二十二日の『朝日新聞』の「文化・文芸」面に「言葉の力　思想超えた瞬間」という大きな見出しのもと、三島由紀夫の東大全学共闘会議(全共闘)の学生との討論会についての記事が載せられていた。TBSの撮影した映像をもとに映画が作られている。その映画を監督した豊島圭介は「相手の前に行き、名を名乗り、体温や汗を感じる場所で対話することの重要さを改めて感じる。三島と学生の討論は、今のような時代に見る意味があると思っています」と述べている。「体温や汗を感じる」はいささか情緒的な表現に思われるが、「相手の前に行き、名を名乗り」は言い換えれば「顔を見せ、名前を示して」ということだ。

インターネット上でのやりとりにおいては、インターネットが「場」にあたるが、「場」が共有されていても、発信者の顔も、受信者の顔も見えていないことがある。電子メールや本名を使ったSNSなどであれば、発信者はわかる。しかし、インターネット上の、本名を使わない発信者については、当然のことながら特定できないことがほとんどといってよい。匿名性がたかい。

先に述べたように、発信者側から受信者が見えないということはこれまでもあった。しかし、受信者側から発信者の顔がまったくみえない、発信者が特定できないということは少なかったはずで、その点において、匿名で発信される「打ちことば」はかつてない枠組みにあるといってよい。それは発信者が予期しないで聞かれてしまった「ひとりごと・つぶやき」、あるいは人に見せるつもりがなく書いていた日記にちかいのではないか。あるいはまた誰もいない海岸で海に向かって叫ぶ、ということにちかいのではないか。

共通点はそもそも受信者が設定されていない、ということだ。受信者が設定されていないのだから、受信者のことをあれこれと考える必要がない。そして、ほんとうに受信者がいなければ、問題はないといってもよい。空間に向けて発信されて、その場で消えていくのであれば、どんな情報を発信しても、何も問題ではない。海に向かって「××のバカヤロー」と叫んでも、「××」も、その他の人も誰も聞いていなければいい。しかし、それを聞く人がいるということになると、話は違ってくる。受信する人がいることがわかっていて、あるいは多数の人が受信することがわかっていて、しかし「ひとりごと・つぶやき」をするということになると、それはひとりごとでもなければ、ただのつぶやきでもないことになる。

具体的な例をあげることは控えるが、Amazonの「レビュー」を見ていて驚くことが少なくない。もちろん適正な「レビュー」が多いのであろうが、仮の話としていえば、「綿百パーセント」ときちんと表示してある商品を購入して、「綿百パーセント」だとは思わなかった、ポリエステルの商品のほうがいい、というようなレビューまである。そして、もう少し言い方がありそうだ、と思うような言語表現も少なくない。本のレビューの場合、著者側の顔は見えているが、レビューの発信者はみえていないことが多い。名前などをすべて明らかにした上で、著者の前で同じ事が言えるだろうか、と思うようなことが書かれていることがある。やはり、こうした発信は「匿名」であることがかかわっていると思わざるを得ない。「匿名」とは責任をとる人がいない、ということでもある。

そもそも、インターネット上のやりとりはコミュニケーションではない、というみかたもありそうだ。つまりレビューは誰かがそれを読めば、読んだ人が受信者で、レビューの書き手が発信者になるが、誰も読まなかった場合は、発信者はいるが、受信者はいないことになる。広場に自分の意見を書いた立て札をたてているようなものだ。

消えていく私

「私」には名前がある。その名前によって、具体的な個人が特定される。具体的な個人は身体性を備え、具体的な経験を蓄積している。その、あらゆる感覚の根幹にある「身体性」と「具体的な経験」とが具体的な個人の「基本情報」といってもよい。名前が隠されていることによって、「具体的な個人の基本情報」の多くが隠されることになる。匿名とは「基本情報を消した、のっぺらぼうな私」に他ならない。

一九八七年五月八日に出版された、俵万智の歌集『サラダ記念日』は二八〇万部のベストセラーとなって、一九八七年度ベストセラーランキングの第一位となった。一九九二年七月に発行された『日本語学』第十一巻第八号(明治書院)には筆者の「そして誰もいなくなった――俵万智を中心とした短歌の言語学的研究」という文章が載せられている。その文章の「おわりに」で、俵万智の第二歌集である『かぜのてのひら』に収められている「「うちの子は甘えんぼうでぐうたらで先生なんとかしてくださいよ」」を採りあげて「ここには歌の作者の陳述が見られない。すべてが他者の陳述によって埋め尽くされている。〈私〉性は零である」、「他者の会話（＝言語）を取り込むことによって、作者の陳述する余地を減少させている」と述べ、「俵万智の短歌作品が（作者が意識するとしないとに関わらず）向かっている文学的な「地点」（略）が次第に見えてくる。そこにはきっと〈私〉の姿が見えず、意味ではなくて、言語の微妙な音が響いていることであろう」と述べた。

右にあげた作品が、俵万智の教え子の保護者がほんとうに俵万智に言ったことばであるかどうかはもちろんわからない。むしろそれを装っているとみるのがいいだろうと思うが、仮にこれがほんとうのことばだったとする。その場合は、この作品は保護者のことばをコメントなしで「リツイート」したものということになる。「リツイート」したのは、たしかに「私」ではあるが、「リツイート」された内容のどこにも「私」はいない。こうした言説を「〈私〉性零」の「極」とすると、その隣には、匿名での「つぶやき」がある。

斉藤斎藤『渡辺のわたし』（二〇〇四年、港の人）には次のような作品が収められている。

お名前何とおっしゃいましたっけと言われ斉藤としては斉藤とする
君の落としたハンカチを君に手渡してぼくはもとの背景にもどった
わたくしの代わりに生きるわたしです右手に見えてまいりますのは

そんなに自分を追い込むなよとよそ様の作中主体に申し上げたい

題名をつけるとすれば無題だが名札をつければ渡辺のわたし

「お客さん」「いえ、渡辺です」「渡辺さん、お箸とスプーンおつけしますか」

このなかのどれかは僕であるはずとエスカレーター降りてくるどれか

斉藤斎藤という作者名に初めて接した時はやはり驚いたが、「渡辺のわたし」はどういうことだろうと思った。「作中主体」は作品内部の視点人物＝話者と作品内部の行為者とを合わせた概念として斉藤斎藤が提唱している概念である。右の作品ですぐに思うことは、一貫して「わたし」ということが採りあげられているということだ。名前を聞かれて「斉藤としては斉藤とする」。「斉藤斎藤」は苗字が二つあって名前がないようにもみえるし、もしも「斎藤」が名前だとすれば、苗字と名前の違いはほんの少しだけなのだ、ということのようにもみえる。そしてその「斉藤」が自分の苗字を「斉藤と」しておく。その歌集の題名は「渡辺のわたし」。「お客さん」と呼びかけられると「いえ、渡辺です」と言う。しかし、ハンカチを落とした「君」にとっての「ぼく」は「背景」であり、「エスカレーターから降りてくるどれか」である。「わたくしの代わり」として「生きるわたし」がいて、それを見ている「作中主体」がいる。

一九九二年に筆者が述べた「〈私〉性零」は概念規定をしていない、漠然とした〈私〉性の消失を意味していたが、それから十二年後の〈私〉性は、きわめて複雑なかたちであらわれているようにみえる。斉藤斎藤の右の作品からは、消えそうになる〈私〉はそれに強く抗うのではないようにみえるが、その一方ではどこかによりどころを求めているように感じる。

「強気な私」も「消えていく私」も、どちらも「匿名」であるところに現代の複雑さがあるともいえるだろう。そしてどちらも「私を認めてほしい」。摩擦を回避した「共有」の行き着く先なのかもしれない。

第三章　ことばの変化をみる

一　「打ちことば」の領域拡大

序章において、「情報」を目的に合わせて「圧縮」して「構造化」して提示するのが「書きことば」だと述べた。この「圧縮」と「構造化」がうまくいっていないのではないか、と思われることが非常に増えてきた。そのことを考えてみたい。

筆者は現在勤務している大学の前に高知大学に勤務していた。そこで、一年生向けの必修科目である「日本語技法」という科目の立ち上げにかかわった。そんなこともあって、現在勤務している大学においても選択科目であるが、「日本語技法」という科目を立ち上げて、しばらくの間その科目を担当していた。

その授業の中では、印刷された日本語の中から不整な表現を探してくるという課題を毎週課していた。受講生は一週間の間に各自そうした不整表現を探さなければならない。多くの学生が新聞から探していたが、一週間分の新聞からそうした不整表現を探し出すのはけっこうむずかしかった。探し出すことそのものよりも、そうやって真剣に「書きことば」を読んで、「書きことば」の構造を体得してもらうことに目的があった。

しかし最近は、そうした不整表現がたやすく見つかるようになった。学生は一週間で探すのはとても無理です、と言わなくなった。一日の新聞に複数見つけることができる。筆者自身の日本語運用能力も変化するので、比較にはならないが、なんとなくにしても、新聞に不整表現が急激に増えてきているように感じる。それは年をとったということじゃないか、といわれるかもしれない。それならそれでいいが、やはり危惧の念をぬぐいきれない。

言語の変化は必ず起こる。だから新しい語がうまれ、新しい表現がうまれることについて異を唱えようとは思わない。自分よりも若い世代の人が使う表現が理解しにくいということは実際に経験している。それはむしろ当然のことと思っている。本書においては、いわゆる「若者言葉」を歎いたり、断罪したりすることはない。だが、変化してもいいから、安定的な「書きことば」が思考のためにも、言語生活のためにも、どうしても必要だと思う。そのことは訴えたい。

「書きことば」に関して、時として「劣化」と表現したくなるような変化が顕著にみえる。そのことに危機感をもつ。前章で述べたように、「書きことば」の「劣化」はいずれ思考の

「劣化」を引き起こすと推測するからだ。ほんとうはまず思考があって、その「器」として「書きことば」があるというイメージだが、「器」に入れて初めて思考のすみずみまで確認できるということがある。

そうなると、「器」がゆがんでくると、それに入れた時に思考もゆがんでくる。思考そのものはほんとうはゆがんでいなかったとしても、ゆがんだ「器」に入れられた思考は、第三者にはゆがんでみえてしまう。そのうちに思考そのものもゆがんでくるかもしれない。そんなことがなければむしろいい。杞憂であってほしいとも思うが、楽観はできないようにも感じている。それは筆者が「?」と感じる表現がここしばらくの間に急激に増えてきたからだ。何が起こっているのかを考えてみたい。

「打ちことば」とは

電子メールが普及し、名刺にも電子メールのアドレスを印刷している人が多くなって久しい。電子メールは連絡手段として常態化したといってよいだろう。最近はそういう人はあまりいないだろうが、電子メールを使い始めた頃は、「拝啓」からメールを始める人がいたと記憶する。これは、手紙を電子的に送っているという感覚だろう。このような時期においては、電子メールは一般的な「書きことば」に包摂されていたといえよう。

現在では、電子メールやSNSのことばは、「話しことば」に接近しているといってよい。両者とは異なる言語態とみて、「打ちことば」という呼称もある。

「打ちことば」は新語に強いことを謳う『三省堂国語辞典』の最新版である第七版(二〇一四年一月十日刊)にもまだ見出しとして採用されていない。『岩波国語辞典』第八版にも『新明解国語辞典』の第八版にも『明鏡国語辞典』の第三版にも見出しとして採用されていない。デジタル『大辞泉』は「打ちことば」を「(「話し言葉」「書き言葉」に対して)携帯電話やパソコンのキーを使って(打って)書かれた語句・語法。また、その文章。メールに使われる絵文字・顔文字や「アケオメ(明けましておめでとう)」などの略語による簡略化した表現や、漢字を多用するなどの特徴があるとされる」と説明している。

「絵文字」や「顔文字」は「打ちことば」における「言語外情報」のようなもので、こうした点は「話しことば」的にみえる。パソコンを使ってキーボードを「打つ」場合と携帯電話やスマートフォンを使って「打つ」場合とでは、「打つ」環境が異なる。スマートフォンにおいては、「トグル入力」ではなく「フリック入力」がされることが多く、そもそも「打っていない」ことが多い。

「打ちことば」の発生によって、「書きことば」は「話しことば」側にひっぱられているようにみえる。少し前であれば、「ひっぱられることがある」と表現しただろうが、現在では確実にひっぱられているといってよい。特に「書きことば」の特徴であった「構造」という点においてそれが顕著にみえる。

なお、筆者は、原稿や論文をパソコンで作っているが、パソコンの場合、結局は何らかの「辞書(ソフト)」によって文書を作成している。その「辞書(ソフト)」は携帯電話やスマートフォンよりもしっかりしていることが多いはずだ。また、打つための道具ともいえるキーボードも物理的にしっかりとしている。そうしたことを考え併せると、「打ちことば」の内部にさらにいくつかのカテゴリーを設定することもできそうだが、ここでは「打ちことば」というカテゴリーで述べていくことにする。

携帯電話やスマートフォンで電子メールを作成する場合、電子メールではあっても、特定の相手にそのメールを出す場合が多い。そうすると、「手紙」や「はがき」にちかくなってくる。ここでは「手紙」と「はがき」を特に区別せずに、「手紙」に包摂して述べていく。

「手紙」は非常に特徴のある「文書」といってよい。特定の「読み手」を想定して作られる文書で、その「読み手」は一人であることが多く、かつ「書き手」と親しいことが少なくない。

「書き手」と親しいということは、「書き手」と多くの「情報」を共有しているはずで、わざわざ言語化しなくてよい「情報」が少なくない。そうした言語化されていない「情報」を背後に置いて、この手紙で伝えなければならないことに極度に特化されたことがらが文字化されている。それゆえ、「読み手」以外の人には、そこに書かれている「情報」がどういうことなのかがわからない、ということがしばしば起こる。

正倉院に残されている仮名文書がある。二通あるので、甲、乙と呼ばれているが、この仮名文書は文字としては読めている。しかし、内容がよくわからない。わからない理由は、現在イメージするような「書きことば」がまだできあがっていないためということも当然あるが、やはりそこで何が言語化されていて、何が言語化されていないか、ということが現在の「読み手」にはつかみにくい、ということがあると考える。あるいは明治時代に書かれたはがきを読むと、これまたわかりにくい。同じ「書き手」が同じ相手にだしたものを何通か読むと、だんだんわかってくる。何通かを読んでいるうちに、あるはがきにおいては言語化されていなかった「情報」が他のはがきを読むことでつかめるということがあるからだ。それでもわかりにくいことがある。

これと同じように、特定の相手を想定して「打った」メールは相手が想定されているだけに、

「情報」が極端に限定されやすい。これは特定の人との間でかわされる「話しことば」にちかい。そういう「想定」のもとに「打って」いるから、「書き手」の気分もそういう気分になっている。ある程度の人数を「聞き手」として想定している「話しことば」よりもさらに限定されていることもあろう。

しばしばメールを交換している人同士では、お互いのメールアドレスが登録してある。またメールアドレスを見慣れているから、メールに名前が書いてなくても誰からのメールかわかる。来たメールに返信をする場合も、同様だ。こうしたことに慣れてしまうと、メールに自分の名前を書き忘れるということも起こる。メールに自分の名前を書かないということを手紙でいえば、名前を書き忘れて手紙を投函するということだ。手紙の場合は、字と内容とが手がかりになるが、よほど親しい相手からのものでなければ、誰からのものかはわからないかもしれない。名前の書き忘れを防ぐために、メールの最初に、相手の名前と自分の名前を必ず書くようにしている。名前が書かれていないメールが来ることもある。これは「打ちことば」に慣れてしまったために起こる現象といってよい。

ストックとフロー

こうした「打ちことば」に慣れてくると、「話しことば」はもちろん、「書きことば」にも「打ちことば」が影響を与えるということが起こり得る。先にも述べたが、筆者は言語を根幹で支えているのは「書きことば」だと考えている。

二〇一九年三月二十七日の『朝日新聞』朝刊の「オピニオン」面には新パブリックエディターに作家の高村薫、慶應大学教授の山本龍彦、地域活動家の小松理虔の三氏が就任したという記事が載せられていた。高村薫は「言葉の世界はいま、単語がならぶばかりのSNSの影響で弱体化しています。複雑な文章が読まれず、考えることがおろそかになっています。他メディアとの競争にさらされ、新聞も総花的で中途半端な存在になっていないでしょうか」と述べている。

「単語がならぶばかりのSNS」とあるが、絵文字やスタンプもある。LINEを始めるまでは「スタンプなんて使えるかいっ」と思っていたが、始めてみると、なかなか便利な場合もある。絵文字やスタンプは「紋切り型表現」の最たるものともいえよう。しかし、言語で表現すると言語量を費やさないと表現しにくく、かつ結局は過不足なく表現しにくいことが、言語表現を避けてだいたいではあっても表現できるということもある。言語表現ではないから、言語的な「誤解」を回避することもできる。「新しい表現」という側からみれば「新しい表現」

といってよい。しかし、それがしっかりとした「書きことば」を弱化させることもありそうで、バランスよく使うことは大事だろう。

『週間読書人』第三三三三号(二〇二〇年三月二十七日発行)に與那覇潤と大澤聡の対談が載せられていた。大澤聡は次のように述べている。

……歴史を積み上げた先で自分たちの存在についてどう考えるかが教養主義のポイントだと仮に定式化するなら、近年はそうした構えは完全に失効しました。教養本がどれだけ流行ろうとそれは別問題です。とりわけここ五、六年、ちょうど與那覇さんが充電なさっていた期間のメディア環境の変化に由来してもいるはずです。SNSが人びとの判断や思考のプラットフォームになった結果、ストックではなくフローですべてをとらえるモデルに切り替わった。「今・ここ」しかない。深層や奥行きの発見が「近代」であり「教養主義」であり「歴史」であり「人間」であるとすれば、新たなメディア環境はそれらをのっぺりとフラットに均してしまいました。ピンポイントでたまたま拾い上げた情報だけをたよりに考える。そんな「歴史なき歴史観」について「ポストヒストリー」という言葉をあてがってみたわけです。

「ストック(stock)」「フロー(flow)」は主に経済学で使われる用語で、「ストック」はある一時点において貯蔵されている量をいい、「フロー」は一定期間に流れた量をいう。何をどれだけ蓄積、貯蔵しているか、ではなく現在時において、どれだけのモノを流せるか、ということだ。そこには「未来のために」「未来に備えて」という発想がそもそもないともいえるだろう。「ストック」が「書きことば」なら、「フロー」は「話しことば」と「打ちことば」だ。

「書きことば」が「打ちことば」の影響を受けて変化するということは、「根幹」が変化するということである。言語は変化するものであるから、先にも述べたように、そのこと自体は「言語の宿命」として受け止めなければならない。だから、「打ちことば」によって「書きことば」が変化することも受け止めるつもりではいるが、そう思っていても気になる。安定的な「書きことば」は必要ではないか。

二　「書きことば」の「話しことば」化

書名——「圧縮」の変化

書きことばの変化について、別の側面からさらにみてみよう。

先に述べた「日本語技法」という科目では、情報の圧縮ということを経験してもらうために、八百字程度の文章にタイトルをつけ、文章を二百字、百字、五十字、二十字と、さまざまな言語量に圧縮するということをやった。タイトルはせいぜい十字程度だろうから、これが「圧縮の極点」、究極の圧縮ということになる。

書名もこれと似ている。ただし、書名の場合は、あえて内容がわかりにくい書名を付けるということもある。書名は『世界史の構造』(柄谷行人、岩波現代文庫、二〇一五年)や『老いの空白』(鷲田清一、岩波現代文庫、二〇一五年)のように、「XノY」という構造をしていることがかつては多かったように思う。「思う」は曖昧であるが、「XノY」が多数派であることはいえるだろう。二〇一五年の一月二十日に発売になった岩波現代全書四冊のタイトルは『アウンサンスーチーのビルマ』『占領空間のなかの文学』『地球科学の開拓者たち』『近代医学の先駆者』

（サブタイトルは省いた）で、見事なまでに「XノY」である。「XノY」は「X」「Y」という二つの情報を助詞「ノ」でつないでいるが、助詞「ノ」はさまざまなかたちで二つの情報をつなぐので、この「XノY」は案外と応用がきくといえよう。

ところが、いつ頃からか、『憲法九条は私たちの安全保障です。』（岩波ブックレット）や『ご当地電力はじめました！』（岩波ジュニア新書）のような、文のかたちをとる書名がみられるようになった。あげた二つの書名には句点や感嘆符までがついている。「XノY」と比べれば、文のかたちの書名は圧縮されていないことになる。あるいはそもそも圧縮する気がない、といえばよいだろうか。右の二つの書名は、ブックレットやジュニア向けの書物のタイトルということがあるいはあるのだろうか。

二〇一四年に刊行された岩波ジュニア新書は三一冊。それらのうち、述語を備えている書名が一一冊ある。今ここでは書名を話題にしているので、失礼ながら著者名を省いてある（表1）。

表1　岩波ジュニア新書のタイトル一覧（2014年）

書き出しは誘惑する
魂をゆさぶる歌に出会う
中東から世界が見える
マンガミュージアムへ行こう
21世紀はどんな世界になるのか
12歳男子，過疎の山村に住むことにしました
プチ革命　言葉の森を育てよう
お城へ行こう！
5アンペア生活をやってみた
この思いを聞いてほしい！
「育ち」をふりかえる

表2　岩波ジュニア新書のタイトル一覧(2019年)

情熱でたどるスペイン史
不便益のススメ　新しいデザインを求めて
「空気」を読んでも従わない　生き苦しさからラクになる
内戦の地に生きる　フォトグラファーが見た「いのち」
ひとりで，考える　哲学する習慣を
答えは本の中に隠れている
ポジティブになれる英語名言101
クマムシ調査隊，南極を行く！
男子が10代のうちに考えておきたいこと
カガク力を強くする！
ストライカーを科学する　サッカーは南米に学べ！
レギュラーになれないきみへ
俳句を楽しむ
ボランティアをやりたい！　高校生ボランティア・アワードに集まれ

二〇一九年に刊行された岩波ジュニア新書は二一冊で、書名に述語を含んでいるのは表2の一四冊であるので、割合としても多くなっている。書名あるいは副題に鉤括弧付きの語が含まれているものもある。「!」が含まれているものが四冊。「学べ」「集まれ」といった命令形のものもある。命令文や疑問文は発信者から受信者へのはたらきかけが強い形式といえるだろう。二〇一四年には「行こう」「育てよう」「聞いてほしい」という、「勧誘・呼びかけ」であったが、それがいっそう強いかたちになっているようにみえる。

しかし、ジュニア向けだけではなく、一般向けと思われる本の書名にも、文のかたち、あるいはそれにちかいかたちをとるものが増えてきているように思う。そうしたかたちは「圧縮」ということに対しては「非圧縮的」であり、読み手に対しては「強いはたらきかけ」をしている。

書物が売れないといわれて久しい。書物が売れないから、売りやすくするために「非圧縮的」な書名が増え、「強いはたらきかけ」をしている書名が増えているかどうかはわからないし、それを証明することはできそうもない。しかし、本を売るということと無関係ではないだろう。圧縮的な書名は堅苦しいイメージを喚起してしまうから売れない、非圧縮的＝説明的な書名はわかりやすいから売れる、と言ってしまうとずいぶんと粗いみかたになるが、なにほどかそうであるとすれば、「わかりやすい」ということが「非圧縮的」つまりは「非構造的」ということと同じようにとらえられていることになる。

あるいは「わかりやすい」の内実が変化しているとみてもよい。内容を圧縮してある書名が「わかりやすい」と思われていた時期があり、現在は内容を、話しことばのように説明している書名が「わかりやすい」と思われているということだろう。「書きことば」のわかりやすさから「話しことば」のわかりやすさへ移行しているようにみえる。

読点から会話へ――見出しの変化

新聞の見出しで読点を含むものがある。例えば「自然、最高のおもちゃ」(二〇一五年五月二日

『朝日新聞』夕刊)という見出しがつけられた記事には「海で魚を釣ったり岩場によじ登ったり、林で木の実を拾ったり、自然のなかで親子が一緒に遊んで過ごす。子どもたちは次から次へと新しい遊びを見つけて走り回る。「自然が最高のおもちゃ」だ」とある。この記事中の「自然が最高のおもちゃだ」に対応するのが見出しの「自然、最高のおもちゃ」であるが、読点を使わずに、空白を使って「自然　最高のおもちゃ」とすることもできる。読点を使うと、それだけ見出しが「文」にちかづいてみえる。あるいは同じ紙面に「円安進み、買い物がお得に」という見出しもある。これも例えば「円安進行　買い物お得に」というような見出しにすることもできるが、読点を使い、助詞「ガ」も使うことによって、見出しが文にちかいものになっている。これも最近の傾向ではないだろうか。ただし、後者は「ニュースのおさらい　ジュニア向け」という欄の見出しで、先のジュニア向け新書の場合と同じような配慮が働いている可能性がある。

同じ記事に、「政府「地方にも来て」」という見出しもみえる。記事中には「ただ、外国人が多く訪れるのは、旅行業界内で「ゴールデンルート」と呼ばれる東京や京都、大阪を結ぶ地域に限られている」「宿泊客が一部の都市に集中しすぎると、ホテルが足りなくなってしまう。目標どおり、20年に2千万人の訪日外国人を受け入れるには、地方にも導くことが必要だ」とあるので、この記事の情報を「地方にも来て」という「話しことば」的な見出しにしていることになる。これは「圧縮」という同じ表現を使うとわかりにくくなるかもしれないが、「話しことば的圧縮」と呼んでもよい。

ジュニア向けではない紙面にも読点は頻用されている。二〇一五年四月二十九日の『朝日新聞』(朝刊)から読点を含む見出しを拾ってみよう(表3)。

総合面から社会面までほぼまんべんなく読点を含む見出しがみられることがわかる。右の読点の多くは、空白でもよい。「観客1万人、熱狂」は読点を省いて「観客1万人　熱狂」でもよいのではないか。読点がなくてもよい、読点を空白に替えてもよいと思われる例に読点が使われているのは、見出しを「文」にちかいものにしようとする「傾向」があるためではないだろうか。*

＊　一九九七年に結成し、翌九八年から九九年にかけて人気を得た「モーニング娘。」はグループ名に句点が含まれており、最近では「藤岡弘、」もある。また「本田美奈子.」(二〇〇四年十一月から)のようにアルファベット以外の文字列の末尾にピリオドを付したものもある。縦書きにおいてピリオドを右下につけるのは難しい。

表3 『朝日新聞』(2015年4月29日)見出し一覧

電源構成案，原発は「約2割」(1)
一票の格差訴訟，判決出そろう(1)
和食のプロ，米西海岸に集う(1)
米，AIIBに対抗心(総合2)
議事録公開へ　自民，収束図る(総合3)
民主，集団的自衛権で見解(総合4)
首相，直前まで出席検討(総合4)
ギリシャ，EUと合意に意欲(経済6)
ホンダ，「600万台」目標撤回(経済8)
LINE，次の一手は？(経済8)
東電，経常利益が倍増(経済8)
日本の救助隊，崩壊の寺院に(国際11)
米の核弾頭，87発減(国際11)
米と中南米，融和まだ先(国際13)
36歳澤，なでしこJ復帰は(スポーツ24)
青木，技の2安打(スポーツ24)
もがく村田，意地の一発(スポーツ25)
公明，「全員当選」できず(東京29)
練馬区，後援断る(東京29)
摂取量の目標，厳しく(生活30)
ポール，半世紀ぶり武道館(社会37)
ビートルズ講演以来　観客1万人，熱狂(社会37)
「喜代村」辞退，改めて公募へ(社会37)
渡辺謙さん，トニー賞候補に(社会37)
佐藤真海さん，男児出産(社会37)
都知事が退院，公務復帰へ(社会37)
放射線データ，30日から公開(社会37)
海自の飛行艇，離水に失敗(社会37)
ホームレス，6541人に減少(社会37)
ドラマ化中止，賠償棄却(社会38)

しかし、二〇二〇年十二月十六日の『朝日新聞』朝刊の「見出し景観」はまた異なるものになっているようにみえる。見出しの読点使用は減り、会話的な文、特に鉤括弧のついたそれが含まれていることが多くなっている(表4)。

表4　『朝日新聞』(2020年12月16日)見出し一覧

バイデン氏「民主主義　本物と証明」(総合2)
共和党の支持者「選挙は不正」77%(総合2)
自民PT　学術会議提言提出／首相「国民もわかってきた」(総合4)
年末年始商戦「冷え込まないで」(経済9)
シンガポール　ビジネス滞在「歓迎」(国際11)
国内最終戦3位「強気でいかなきゃダメですね，そろそろ」(スポーツ17)
どん底続きの今季　吹っ切れた(スポーツ17)
きらきらひかるよ　手作り電気(東京25)
「金ほしさに感染」根拠なき非難(東京25)
「ロックダウンせず　コロナ対策可能」(生活28)
「鬼滅」1位目前で発表「偶然にも…」(社会33)
「八丁味噌」老舗が名乗れなくなる？(社会33)
「命がけの裁判　果断を」(社会33)
「対策取っても」／困惑する自治体(社会34)

　これらのなかには「…」もあれば「？」もある。「強気でいかなきゃダメですね、そろそろ」は全米女子オープンで四位にとどまったプロゴルファーのことばであるが、記事中にまったく同じことばがある。記事内容を圧縮して見出しとして示すことによって、読者の「よみ」を助けるというような「感覚」そのものがないようにも思われる。これは筆者が思っている見出しと記事を書いている記者の思っている見出しとが異なるということだ。記者が筆者よりも若い世代である可能性はたかいだろう。となると、これは言語使用の世代差ということになる。しかし読みやすくはない。結局記事を読まないと見出しが何を言おうとしているかがわからないことさえある。こうなると、見出しは単に「目を惹けば良い」つまりキャッチーであればよい、ということに

なる。それは効率のよい、「情報」提供ではないだろう。

「書きことば」の「話しことば」化は今後も進んでいきそうだ。それを歎いていてもしかたがない。まずはそのような状況にあるということを認識し、「話しことば」とははっきりと異なる「ハードな書きことば」と「話しことば」にちかい「ソフトな書きことば」とを場面によって使い分けるというようなことがいいのかもしれない。

「コピーの文体」

二〇〇八年一月十日の『朝日新聞』朝刊の「オピニオン」面に「コピーの文体を追い出せ」という見出しの記事が載せられていた。記事の書き手は池澤夏樹だ。


ここ何十年かの間に日本語の性格が大きく変わった。

文法や語彙《ごい》や発音のことを言っているのではない。変わったのは言葉と人の関係である。

例えば、こういう言葉がある——「動物系と魚介系ダブルの旨《うま》みが効いた渾身《こんしん》の一杯です」。

これはあるカップ麺《めん》のパッケージに書いてあったもの。

今、われわれが日々いちばん多く接しているのはこの種の文章である。新聞の広告、テレビのコマーシャル、街路に出れば無数の看板とポスター、商品に直接書かれた説明文。ごく普通の日本人にとって、言葉とは、家族や友人に気持ちを伝える道具であり、自分の心を律するものであり、用語を厳密に定義した契約書の文言であり、哲学や信仰の拠《よ》り所である以前に、まずもって「コピー」なのだ。

この種の文章をわれわれは軽く受け取る。その商品が製造者にとって本当に「渾身の一杯」であるかどうか、それを本気で問う者はいない。もしも問うたら、それは揚げ足取り、誤読だということになる。

それはそれでいい。商品説明に多少の誇張が混じることを消費者は知っているし、だから軽くしか受け取らない。問題は言語生活ぜんたいがこの軽さに染まってしまったことだ。

あらゆるものの商品化が進む。かつて空気と水以外はという表現があったけれど、今では水も空気も商品である。そういう時代だから、人と人の間でも、自分を商品に見立てたような言葉遣いが多くなる。「わたしって何々な人だから……」にも「自分的にはＯＫです」にも、どこかコピーに似たトーンがある。

これが今のわれわれの言語生活である。ある程度の嘘《うそ》を含み、大袈裟《おおげさ》で、見た目には派手で魅力的だけれど、しかし信用のならない言葉。

この記事を読んだ時に、「コピーの文体」という表現が事態を的確にとらえていると思ったので、何回か引用させていただいたことがある。十三年経った二〇二一年の時点で改めて考えてみると、「ある程度の嘘を含み、大袈裟で、見た目には派手で魅力的だけれど」というところはほぼ変わらないだろう。

いっぽうで、違いもあるように思われる。それは「信用のならない言葉」というところだ。現在はそこを「内容のないことば」あるいは「何を言っているのか結局わからないようなことば」と置き換えたほうがいいような状況にないだろうか。また「ある程度の嘘を含」んでいるということではなく、「はっきり真実ではないこと」であっても、それが繰り返し言語化されているうちに、その「はっきりと真実ではないこと」がいつのまにか、「真実」のような顔をして大手を振って歩き出すような状況といってもよい。「オルタナティヴ・ファクト(alternative fact)」=「もう一つの真実」という表現さえある。

そして「コピー」であれば、それは少しすると飽きられ、消費されてしまうということもある。前に述べたように、「書きことば」はもともとは時空を超えて「情報」を残すためにうまれたはずであったが、「コピー」はその点においてそもそも「書きことば」と相容れない「消えていく書きことば」であるともいえよう。

三　「場」の変化――「話しことば」の現在

トレーニングの「場」の変化

「話しことば」はどんどん変化していく。「書きことば」は「話しことば」の変化を後からゆっくり追うはずで、場合によっては、「話しことば」の変化になんとなくにしても「ブレーキ」をかけるようなこともあるだろう。「書きことば」が「ブレーキ」として機能しなくなると、言語の変化は「話しことば」側で加速することになる。「書きことば」が「打ちことば」の影響をうけて「話しことば」に引っ張られている現状は、「ブレーキ」の機能不全を如実に示しているように思われる。

機能不全の原因はさまざまで複合的だが、ここではマスメディア、とくにテレビという「場」について考えることでその原因の一端に触れてみよう。

さて、言語生活そのものが言語運用能力のトレーニングの場だとすると、その「場」は重要になる。なぜなら、言語を運用していくにあたって、「類推」が重要だからだ。あらゆる語、あらゆる表現を最初から身につけて言語生活をスタートするわけではないから、言語を使いながら、自身の言語を広げ、しっかりとしたものにしていく。その時に、知っている「情報」を使って知らない「情報」について「類推」する。子供の「類推」ははずれてしまうこともあり、ほほえましい話として紹介されることもあるが、そうした「はずれ」も経験しながら、だんだん「類推」の力も強化されていく。類推というトレーニングの「場」はいくつもある。今日、その最大のものがマスメディアであることは言うまでもないだろう。

「書きことば」であれば、新聞や雑誌を読む、本を読むというようなことがそうした「場」の中心にあるだろう。「話しことば」であれば、家族や友人といった個人的な「コミュニティー」でのやりとり、あとはテレビだろうか。その他にSNS(Social Networking Service)を介した「電子的なやりとり」があるだろう。

本はあまり読まない、ということになると、「書きことば」のトレーニングの場は、新聞や雑誌が主なものとなる。新聞や雑誌もそれほど読まない、ということになると、「書きことば」をトレーニングする「場」がそもそもあまりない、ことになる。また、「場」の劣化は、「書きことば」を劣化させてしまうだろう。「書きことば」の習得には、「書きことばはこんな風に多くの「情報」を収めることができるのだと」いう「気づき」と、進んでそうしたいという意欲がなければならない。「書きことば」が後天的に獲得されるものであることからすれば、書き手が意識的になれる環境が大事になる。そうした環境をマスメディアは作り上げようとしているだろうか。

また、「書く」だけで一切読まない人はいないだろうし、「読む」だけで一切書かない人もいないはずだ。「書く」「読む」「話す」「聞く」を言語の「四技能」ととらえると、一つ一つが独立しているように思いそうだが、「書く」と「読む」、「話す」と「聞く」とは当然表裏一体の関係にある。「双方向的(interactive)」ということがいろいろな場面で言われるようになっているが、言語活動はまさしく「双方向的」である。

したがって、「書く」ためのトレーニングは、まずは書いてみることであろうが、しっかりした「書きことば」を「読む」ことは重要だ。「しっかりした書きことば」が存在していても、それを読まなければ「しっかりした書きことば」を実感することができない。「しっかりした書きことば」が失われつつあるのだとすると、トレーニングの場であるマスメディアに何かが起こっていると考えられる。

テレビの公性《おおやけ》

いかなる言語にも「書きことば」と「話しことば」がある、と述べてきた。そして、それぞれが独立した言語態である一方で、それぞれは「回路」でつながっているというのが筆者の「言語モデル」だ。

日常生活を考えてみると、「書きことば」寄りの生活をしている人、「話しことば」寄りの生活をしている人、いろいろだろう。しかし、どちらか一方だけに接している人は、多くはないだろう。そのように考えると、日常的な生活空間は「書きことば」と「話しことば」とによってうめられていることになる。そういう日常的な生活空間を「言語空間」と言い換えてみよう。「言語空間」には「書きことば」「話しことば」、両者の中間的な「打ちことば」が響き合い、それぞれが影響を与え合っている。

『広辞苑』は「マスメディア」を「マス－コミュニケーションの媒体。新聞・出版・放送・映画など。大衆媒体。大量伝達手段」と説明している。「大衆」は多くの人がそれに接するということ、「大量」は毎日のように、大量の情報がこの媒体によって提供されているということになる。現在では、これにTwitterやFacebookというような情報の発信・受信手段が加わっている。これらも総体としてとらえれば、「大衆媒体」「大量伝達手段」といってよい。「話しことば」の「器」として、放送、Twitter、Facebookなどがはたしている役割は大きいことが推測される。これら全体が発信している「情報」量は、「新聞・出版」の発信している「情報」量に匹敵するか、それ以上ではないだろうか。

そうなると、「マスメディア」のことも視野に入れる必要がでてくる。本書は「書きことば」の変容について述べることをテーマとしているが、上記のようなことから、本章においては、「マスメディア」特に、広範な受け手を有しているテレビにおいて、どのような言語が使われているかということを話題にしていきたい。

言語に関しては「類推」が重要であることについては述べた。「類推」とは自身が接した他者の言語のありようから探るということでもある。テレビが「公性」のたかいメディアであると考えると、そこで使われていることばは「公性」がたかいことになる。テレビ視聴者に（なんとなくにしても）そうした「心性」があるとすれば、テレビのことばは、類推のもとになる可能性がある。新聞も同様だ。TwitterやFacebookを使用している人が、どの程度そこに「公性」を認めているかわからないけれども、そこでやりとりされていることばは、ある程度にしても「認められている」と感じるのが自然であろう。「大量」に使われていることばが不適切であるとは、なかなか思わないだろう。

「話しことば」で起こることは「書きことば」でも起こる、「書きことば」で起こることは「話しことば」でも起こると考えると、やはり「話しことば」についても観察しておくのがよいことになる。

ニュース／ワイドショー／バラエティ

デジタル放送の電子番組表(Electronic Program Guide＝EPG)には番組の種別を含む番組情報が付されている。この情報を検索すれば見たい番組をジャンル別に探したり選んだりすることができるようになっている。そこで使われている番組の「ジャンル」は「ニュース／報道」「スポーツ」「情報／ワイドショー」「ドラマ」「音楽」「バラエティ」「映画」「アニメ／特撮」「ドキュメンタリー／教養」「劇場／公演」「趣味／教育」「福祉」の十二に分ける大分類で、それぞれの大分類内がさらに中分類に分けられている。また、視聴率調査を行なっている株式会社ビデオリサーチでは、番組を「報道」「教育・教養・実用」「音楽」「ドラマ」「アニメ」「映画」「スポーツ」「その他の娯楽番組」に分類している。

ＥＰＧの十二分類のうち、今ここで話題にしたいことがらにかかわるのは「ニュース／報道」「情報／ワイドショー」「バラエティ」「ドキュメンタリー／教養」の四つのジャンルである。ＮＨＫを例にするならば、「ニュース／報道」は「ニュース7」「クローズアップ現代」のようなニュースを報じることが主となっている番組ということになる。

『岩波国語辞典』第八版は見出し「ワイドショー」を「時事問題・芸能ニュースなどを幅広く取り上げるテレビの娯楽番組。▽wideとshowとによる和製英語」と説明している。

一九九〇年代前半においては、報道局報道部が制作している「ニュース／報道」と「情報番組」とははっきりと別ジャンルであったとのことだ。「ニュース」という呼称は「報道(番組)」内でのみ使われていたという指摘もある。しかし、一九九九年頃から「ワイドショー」が社会問題などを積極的に採り入れるようになって「ニュース／報道」にちかづく。一方、二〇〇〇年以降になると、夕方のニュース番組が、高視聴率をとるために、芸能人にかかわる話題や「特報」と呼ばれたりする十分以上の企画をとりこむようになり、「ニュース／報道」が「ワイドショー」化していく。「ニュース」が「ワイドショー」化し、「ワイドショー」が「ニュース」化することによって、両者の区別が曖昧になっていく。ジャンル、カテゴリーの崩壊といってよい。

「多様性を認める」というのはこれとこれとは違うということがまずわかるようになっていて、その上で、その「違い」を認めましょう、ということであって、違いがよくわからないものがたくさんあるということではない。まず「多様であること」を認識する必要があるし、そのためには「多様」が保たれていなければならない。「多様性を認める」という掛け声のもとに、「多様であること」を保つための「壁」が低くなったり、壊されたりして、全体の「差異」が曖昧になっていくのは「多様性を認める」ということとはまったく異なる。「知っている人」とは、何でも知っていると言う人ではなく、自身がどこまでわかっていて、どこからはわかっていないかを「知っている」人のことだ。「差異」を認識するということはいろいろな場面で大事で必要なことだ。

フィクション／ノンフィクション

「ニュース／報道」は「ノンフィクション」である。「ワイドショー」「バラエティ」は「ノンフィクション」であることを前提としていない、すなわち「フィクション」が入ることがある。

「真実」という語も定義なく使うことはできない。「真実は一つ」というような表現もあるが、人間の判断や認識をいっさいかかわらせることなく、何かを認識することはできない。そういう意味合いでは「事実」だって、原理的には人間から離れたところに、「事実」があると想定することはもちろんできるが、それが言語化された瞬間に、（実際は「情報」として人間の脳内にとりこまれた瞬間に）人間がかかわったことになる。

そうではあるが、それでは話が進みにくいので、ここではごく常識的に「真実」という語を使うことにする。そうすると「ニュース／報道」「ドキュメンタリー」は「真実」「事実」を「情報」として提供し、「ワイドショー」「バラエティ」というジャンルの番組では、それは目標ではないということになる。つまり「ワイドショー」「バラエティ」には「つくられたもの」が入る、ということだ。それを「真実・事実」に対して「嘘」と表現しなくてもいいかもしれないが、とにかく「ノンフィクション」ではなく「フィクション」が入っていることになる。

『広辞苑』は見出し「ドキュメンタリー」を「虚構を用いずに、実際の記録に基づいて作ったもの。記録文学・記録映画の類。実録」と説明している。ここでまた「実際の記録」「ありのままの記録」とは何か、ということを考える必要がでてくる。『広辞苑』の説明は「虚構」と「実際の記録」とを対概念としているのであろう。しかし「実際の記録」だって、「記録する人」によって、切り取られた「実際」であるはずで、その「切り取り方」はその「記録する人」の「切り取り方」にならざるをえない。そこにはいわゆる「主観」はないのだとみることによって、「ノンフィクション」としての「実際の記録」が存在することになる。しかし、誰が切り取っても同じ切り取り方になるとは限らないとすれば、その「切り取り方」にはすでに「動作主体」が存在していることになる。それはいわゆる「主観」とは違うといいきれるのだろうか。

そう考えると、「フィクション＝虚構」と「ノンフィクション＝実際の記録」とは、そもそも截然と分かれるものではないことになる。海に注ぐ川の水は上流では、真水であろうが、海に注ぎ込むところでは真水と塩水とが混じった「汽水域」をつくる。河口付近では、どこまでが川でどこからが海かはわからない。

「オルタナティヴ・ファクト（alternative fact）＝もう一つの事実」や「オルタナティヴ・トゥルース（alternative truth）＝もう一つの真実」という語は最初接した時に驚いたが、そういうことが言われるようになり、「真実・事実」ということそのものが故意に、あるいはある故意に伴って自然に、曖昧になりつつあるかもしれない。「フィクション／ノンフィクション」という、比較的検証しやすいと思われる枠組みでさえ、曖昧になっていく。「規準の崩壊」といってもよいかもしれない。しかし、「規準」を変えるということは身のまわりにもある。

筆者は、バレーボールがルールを変えた時に驚いた。スポーツ競技にとってルールは絶対のものだと思っていたからだ。ブロックのワンタッチをカウントしない（一九七七年）、サーブをブロックすることの禁止、ファーストコンタクトにおけるドリブル（ダブルコンタクト）の許容（一九八四年）、リベロ制の導入（一九九八年）、サーブのネットインを認める（一九九九年）、チャレンジシステム（ビデオ判定）の導入（二〇一三年）など、ルールの変更は続いていった。ルール変更はいろいろな理由で行なわれていると思われるので、一概に「いい／わるい」ということはできない。

スポーツ競技にかかわるルールの変更はともかくとして、一般的にいえば「規準」が頻繁に変わることによって「規準」が「規準」として機能しなくなることはありそうだし、それがいいとはいえないだろう。新型コロナウイルスに関しても「規準」が変わるということはあった。わからなかったことがわかってきたから「規準」を変えるということはむしろ当然だから、それはいい。しかしそこには理由がなければならない。「理由」は言語で説明できる。

「なんでもあり」は疲れる——テレビ番組のバラエティ化

「バラエティ」には「ノンフィクション」という観点はまったくないといってもよいかもしれない。それは今風にいえば、「なんでもありの空間」ということだ。「なんでもありの空間」で使われる言語表現もまた「なんでもあり」ということになる。「バラエティ」は〈多様性〉であり〈変種〉である。

『三省堂国語辞典』は見出し「ひなだん」をまず「①〔ひな祭りで〕ひな人形や道具などを並べる壇」と説明し、②として「〔国会やバラエティ番組などで〕「ひなだん①」のように作った〈座席／場所〉」と説明している。最近はこの「ひな壇方式」がバラエティ番組の一つの形といってよいかもしれない。「ひな壇」にいる人たちが、話題となっていることについて、それぞれの立場で発言する。何か目立つ発言をしないとそこにいる意味がないから、突飛なことを言うこともある。これが討論会だったら、何らかの結論を出すということは参加者共通の目的であろうから、賛否両論あっても、次第に「結論」に近づくことが多い。しかし、バラエティ番組では統一的な「結論」を出す必要がないことが多く、全体としての統一ではなく、その「てんでんばらばら感」を楽しむ。

バラエティ番組は視聴者に楽しんでもらいたいということを目的としているだろう。しかし、時にそのことを超えて、おもしろがらせようとか、笑ってもらおうというような、発信者の気持ちが濃厚に漂うこともある。バラエティ番組に限らず、テレビ番組がはっきりと誰にでも確認できるかたちでもっている「エビデンス」は「視聴率」だ。商業的に出版される本であれば「エビデンス」は販売部数だ。新書であれば、五千部から一万部ぐらい印刷し、発売六ヶ月ぐらいで、六割ぐらい売れていればいいというような話を耳にする。「視聴率」「販売部数」は誰でも確実に確認できる。結果が、この場合は数字という、誰にでも確認できるかたちでわかる。さてそれでは、どんな番組、どんな本が「数字を出せるのか」。そこは実はわかっていない。行動した結果は後になってわかる。入試問題を作って、入試を行なってみて、この問題は全員正解だったとか、全員不正解だったとかがわかる。そういう問題は作らないようにしてくださいといわれても、それが入試前にわかっているのだったら、もちろん作りません、ということになる。結果は確認できるけれども、入口もプロセスも「内容＝コンテンツ」もわかっていない。それでも結果が求められる。

「ニュース／報道」番組はアナウンサーのみであることが多いが、新型コロナウイルスに関しては「専門家」が呼ばれることがあった。「情報番組」にもいろいろな人が呼ばれることが少なくない。午前中の「ワイドショー」では、数名が並んでいることが常態化している。ある時からアイドルグループのメンバーが加わり、お笑いの人が加わり、現在ではスポーツ選手、アーティストなど、さまざまになった。そして、それぞれの「経験」に基づいて、それぞれの立場で、それぞれの発言をする。当然まとまりはつかない。新型コロナウイルスにかかわるテレビ番組ではそれがよりはっきりとした。

感染症の「専門家」という肩書きの人がそもそもいろいろな専門であった。当然意見が異なる。医学的な専門知識をもたない人、そういう学びをしていない人を「非専門家」と呼ぶとすれば、いろいろな情報を自分なりに集め解釈し、場合によっては医学的な論文まで読んでいる「非専門家」もいれば、自分のまわりにいる人はこう言っているという発言をする人もいる。アナウンサーは自分の感情を抑えられずに、自分はこう思うということを発言する。まとまらない。ある日は、観光するといいですよ、という放送をしているが、こんな時に観光なんて考えられないという放送もする。一貫性は感じられない。そういう意味でもバラエティだ。

そして、パブリックスピーキングになれていない人の話は脱線が多く、話自体がとてつもなく長い。「話しことば」でどのくらいの「情報」が伝えられるかという感覚がなさそうにみえることもある。あまりにも長く話すから結局何を言いたいのかがわからなくなる。

二〇一九年五月四日の『朝日新聞』「東京」面の「明日も喋ろう」という欄に津田大介の記事が載せられていた。記事中に「やがて、自分が好む情報ばかりに包まれる「フィルターバブル」や、意見が合う人同士だけで交流し、自分の意見が正しいように思える「エコーチェンバー」といった現象が起きます」「インターネット言論において熟議が難しくなってしまったのは、きちんとした司会の下で賛否両論を丁寧に討論する「フォーラム」がないからです。今こそ、「熟議のプラットフォーム」を再構成することが、既存メディアの役割だと思います」とあった。

「フィルターバブル」「エコーチェンバー」は少し前から目にするようになった語だ。これはインターネットの話だが、テレビでこそ「きちんとした司会」が必要だということは首肯できるし、重要なことといえよう。司会なしでの意見交換は、意見交換にもならずに「井戸端会議」で終わることが多い。相撲における行司のように、異なる意見をどこが異なるかをふまえた上で、がっぷりと組ませることが大事だ。新型コロナウイルスについての「ワイドショー」では、司会がいても、それぞれの「コメンテーター」の意見がうまく嚙み合わず、ばらばらの意見がばらばらなままになることも少なくない。

なんでもあり。統一感のない、方向性のない言説に毎日さらされているうちに、視聴者は疲れてくる。仮に「有意義な情報」と「あまり意義のない情報」があると仮定する。両者が渾然一体となった番組を視聴しながら、これは意味がありそうだ、これは意味がなさそうだ、と一つ一つ判断するのは疲れる。引っ越しが疲れるのは、いつもは雑然と存在している「モノ」の一つ一つについて、持っていくか、もう処分するかを判断し、持っていくものについては分類して箱に入れるという作業をするからではないかとつねづね思っている。判断にはエネルギーが必要だ。

言語はチェックされているか

二〇一四年の四月十日にフジテレビを見ていた。中国でのニュースとして、マンションのような建物の窓の外に設置されている室外機の上に、男が乗ったままずっとそこにいたという変なニュースにおいて、「室外機の上で籠城」という表現が使われた。「籠城」は〈城のような建物に閉じ籠もること〉であるはずだ。「ロウジョウ（籠城）」という語が使われたからといって、いつも「シロ（城）」に立て籠もるわけではもちろんない。現代日本語の「ロウジョウ（籠城）」は「ほとんど誰にも会わず一人で店内に籠城」（二〇二〇年五月三十日『朝日新聞』朝刊（岩手2））のように比喩表現であることが多いだろうが、〈閉じ籠もること〉は「ロウジョウ（籠城）」の語義としてははずせない。室外機の上に〈閉じ籠もる〉というのはどういうことなのだろうか。

「ドクショ（読書）」は〈書を読む〉、「トザン（登山）」は〈山に登る〉であるというような、訓を媒介にした漢語の理解は、日本語においてずっと行なわれてきた。これは外国語である中国語＝漢語をどのように翻訳し、どのように理解するかということでもあるが、右の「室外機の上で籠城」という表現は、そういう理解のしかたが崩れてきていることを示しているようにみえる。

「ドクショ〈読書〉」という漢語を「読」と「書」とのような少し小さな言語単位に分解して全体を理解する方法を仮に「要素主義」と名付けてみよう。それに対して、「ロウジョウ〈籠城〉」とは結局〈動かないこと〉だとザックリ理解する方法を「トータル主義」と名付けてみよう。現在は、「トータル主義」の時代になっていると感じる。「トータル主義」は具体側ではなく抽象側で語義を理解する、抽象側に語義を「回収」するということでもある。

ここでもう一つ言いたいのは、表現が適当ではないのではないかと疑問をもつ人がいなかったのか、ということである。そんなことまで気にしていられないということかもしれないし、そこはわからない。しかし、テレビというマスメディアにおいて、このような表現が使われていることが、日本語が今置かれている状況をあらわしているといったら大袈裟だろうか。新聞やテレビなどのマスメディアに不整な表現があらわれにくいのは、何重にもチェックが行なわれているからで、そうした何重にも行なわれているチェックをいわばかいくぐったということをどう考えればよいだろうか。

右の例は、ニュースで読まれた原稿だから、「話しことば」ということになる。「話しことば」だからチェックが甘いということはないだろうが、残らないといえば残らない。右は二〇一四年のことであるが、ニュースで「?」と思うことはあいかわらずある。増えているような気がするが、気がついた例すべてを書きとめているわけではないし、データとして増減を示すことも難しい。したがって、「増えているような気がする」ということであるが、とにかくそうした表現は少なくない。

新聞やテレビなどのマスメディアには倫理的にも、であろうが、冒頭に述べたように、言語に関しても一定の「公性」があると考えたい。マスメディアにはメディアとして担っている「公性」にふさわしい言語表現を使ってほしいと思う。

放送倫理と「やらせ」

日本放送協会(NHK)と社団法人日本民間放送連盟(民放連)が、放送倫理の向上のためにつくった「放送倫理・番組向上機構(Broadcasting Ethics & Program Inprovement Organization=BPO)」という組織がある。当該機構のホームページには「放送における言論・表現の自由を確保しつつ、視聴者の基本的な人権を擁護するため、放送への苦情や放送倫理の問題に対応する、第三者の機関です。主に、視聴者などから問題があると指摘された番組・放送を検証して、放送界全体、あるいは特定の局に意見や見解を伝え、一般にも公表し、放送界の自律と放送の質の向上を促します」と記されている。

　右には「放送倫理の問題」とある。まず「放送倫理」とは何か、ということを考えておく必要がある。それがはっきりしなければ「放送倫理の問題に対応」はできない。

『広辞苑』は見出し「りんり(倫理)」を「人倫のみち。実際道徳の規範となる原理。道徳」と説明している。「ドウトク(道徳)」とちかい語義だということになると、今度は「ドウトク(道徳)」とは何か、ということになるが、そこまでは追求しないことにして、ひとまずは「道徳」的であることが「倫理的」ととらえておくことにしよう。嘘をつかない、他人を欺かない、他人を傷つけないというようなことは「道徳的」という範疇にあるだろう。「他人を傷つけない」は「人権を擁護」する、人権へ配慮する、ということでもある。

「やらせ」という語がある。筆者は、沖縄県西表島の大アザミサンゴにつけられた「KY」という傷をめぐる一九八九年四月の『朝日新聞』の報道が捏造であることがわかった時にこの「やらせ」という語が使われたことをはっきりと記憶している。「聞蔵Ⅱ」によって鉤括弧が付いた「やらせ」を検索すると一九八五年十月の記事がヒットするので、その頃からすでに使われていたことがわかる。二〇一九年には、海外の祭りをめぐるテレビ番組の企画について、当該の祭りが現地で定期的に行なわれているものではなく、現地の企画コーディネーターによって番組のために用意されたことを「BPO」が認定するということがあり、その時にも「やらせ」「でっち上げ」という語が使われていた。

二〇〇〇年に出版されている『岩波国語辞典』第六版には、見出し「やらせ」がない。二〇〇九年に出版されている第七版には見出し「やらせ」があり、「報道などで、事前に当事者と打ち合わせて事を進めておきながら、自然に起きたかのように装うこと」と説明している。右のようなことともかかわるが、テレビという媒体が発信している「情報」全体がいわばバラエティ番組化していないだろうか。

NHKの「小さな旅」は好きな番組なので、録画をしてほぼかかさずみているが、山道で会った女性がそこに咲いている花について詳しい説明をする。「お詳しいですね」と言うと、山岳ガイドになるための勉強をしているのだと言って、ポケットから山野草の図鑑をすっととりだす。山道を歩いていてこういう人に偶然会うだろうか、と思う。偶然だったのかもしれない。しかし事前にちゃんと準備してあるように感じてしまう。仮に番組のための打ち合わせや準備があったとして、「それの何がわるいのだ」ということになりそうだ。誰も傷つけていない、誰の人権も侵害していない。これを嘘といったら、テレビ番組は成り立たないということかもしれない。

第四章　「書きことば」の復権

第三章で、「話しことば」「書きことば」「打ちことば」について述べた。「話しことば」にちかい面をもつ一方で、行為としては「書いている」、すなわち文字化している「打ちことば」が広がり、「話しことば」と「書きことば」との違いが意識されにくくなる。「書きことば」は「話しことば」側に牽引され、そのことによって、「話しことば」と「書きことば」とが接近する。こうして、従来のような「書きことば」は日常的な言語生活の場から後退し、古典的な本の中にしか存在しないというような状況にちかづいていくのではないだろうか。そうなると、例えば「古典の精読」をすることによって、従来のような「書きことば」を確認する必要がでてくる。

順序だてていえば、ほんとうに「従来のような書きことば」が後退しつつあるのか、という検証をまずして、検証の結果そうであったことがわかった場合に「従来のような書きことば」を取り戻す必要があるのか、という議論があって、そうする必要があると多くの人が思ってから、ということになる。現在日本語を使っている人すべてが「困ったものですね」と思っているわけではないだろう。「それでいいじゃないか」という考え方もありそうだから、ここも議論が必要になる。

しかし、筆者としては、「それでいいじゃないか」とはいいにくい面がある。特に、時空を超えて不特定多数の人の間で、「情報」をやりとりするツールとして存在している「書きことば」がうまく機能しなくなりそうなことについては心配をしている。「書きことば」には過去と現在、未来をつなぐというはたらきもある。千年前に文字化された『源氏物語』を二〇二一年に読むことができて、それをこれから先の未来に伝えるということは大事なことだ。「書きことば」はある程度安定している必要がある。古典中国語、すなわち日本でいうところの「漢文」は中国語の「書きことば」として中国の歴史すべてを覆っているといってよい。中国の歴史ばかりか、日本を含む中国周辺の民族の歴史の記録にもかかわっている。安定した「書きことば」が存在していることの意義は大きい。

一　双方向的《インタラクティヴ》なやりとり

添削に効果はあるか

「書きことば」は自然に獲得できない。そのことからすれば、「教育」と「自覚」とがポイントになる。自然に獲得できないのだから、修得する必要がある。それには小学校、中学校という義務教育の場、高等学校、大学という高等教育の場がふさわしいだろう。筆者は大学の教員であるので、ここでは大学のことを少し話題にしてみよう。

大学においては「初年次教育」という枠組みの科目が設置されるようになった。社会での生活を視野に入れながら、大学での学びをなめらかに行なうことができるようなカリキュラムを大学一年生に用意するということだ。その中に日本語の運用能力が含まれていることが多い。レポートを書いてもらうと、教員に理解しにくい日本語でそれが書かれている、ということが二十年ほど前から話題になるようになった。

生徒や学生の書いた文章を教員が添削するという「方法」は小学校から大学まで広く行なわれている。添削がまったく効果がないと主張するわけではないが、二つ考えることがある。

添削されてもどってきた自分の文章をみて、添削されたかたちが、自分の書いた時点よりもよくなっていると素直に感じたとしよう。しかし、「原理面」において、添削の要点が理解できなければ、応用はきかない。今添削された文章とまったく同じ文章を今後また書くということは通常は考えにくい。そうすると添削は一回一回のものということになる。

書き手に「原理面」を理解してもらうためには、丁寧な説明が必要になる。大学院生が書いた論文について、一字一句吟味するということが行なわれることはあるだろうが、そのようなやりかたをするしかない。大学の授業で二十人なり三十人なりに文章を書いてもらって、一人の教員がそれを添削するとなれば、言語量にもよるが、かなりの時間を必要とすることは容易に推測できる。こうした場合、ティーチング・アシスタント(TA)を使って対応するというようなことがまずは考えられる。

TAは担当教員から添削のポイントを説明してもらったうえで、添削をするだろうが、結局は担当教員とTAとがまったく同じ「リテラシー」をもっているとは限らない。むしろ異なるとみるのが自然だ。となると、この授業の添削は一貫した基準、一貫した原理でなされていないことになる。添削された結果、すなわち赤が入った自分の文章をみて、どこが改善点であるかまったくわからないということはないだろう。ただ、結果からわかることは、誤字脱字を初めとした明白なことのみで、より深刻な問題点については、深刻なだけに、自身では気づかないだろう。説明のない添削は、あからさまなミスの指摘以上のことを書き手に伝えられないと考える。これは、投稿した論文が査読されて、理由説明がまったくなく「掲載不可」と伝えられるのと同じで、説明がなければ、「次」にはつながらない。

授業の受講者に共通する問題点について全員に説明することはできるだろうが、それも「共通の問題点」である。個々人のリテラシーは、個々人の言語生活の経験によって、異なる。一人一人が異なる「辞書」と「文法書」とをもっているといえばよいだろうか。その個別的な「辞書」と「文法書」に「自覚的な手入れ」をしないかぎり、「リテラシー」を改善することはできないだろう。* 「辞書」を強化するためには、自身が日常的には使わないことばにふれ、「こういうことばもあるのだ」ということを実感するしかない。筆者が子供の頃には、読書をしなさいということがしきりにいわれた記憶がある。今もそれは変わらないのだろうが、しっかりした書きことばにふれることが「辞書」の強化につながるし、それは「文法書」の強化にもつながっていくはずだ。書き手の「自覚」はキーになる。

* 二〇二〇年十月九日の『朝日新聞』に「新井紀子のメディア私評」という記事が載せられている。記事は朝日小学生新聞の記事がわかりにくいという話題から始まり、朝日新聞本紙にも話題が及ぶ。記事には「新聞は義務教育レベルで読めることを建前としている。だが、自分の書いた記事が中高校生に読解可能かを日々意識している記者やデスクは果たしてどれだけいるだろうか。RSTで調べたところ、中高校生の正答率が5割どころか3割を切る新聞出典の問題は珍しくない。語彙が難しいからではない。普段から新聞を読みなれている人しか読めないような文章が多いのだ」とある。「RST」はリーディングスキルテストのこと。本書二六頁には『朝日新聞』の記事は一つの例であって、『朝日新聞』の記事の日本語を論じるために採りあげているのではないと述べた。だから右の引用は『朝日新聞』のデス

クや記者氏に向かって、ということではなく、筆者も含めて、何らかの「公性」を帯びた媒体で発信をする人すべての心得として、「自覚的な」見直しが必要だという言説とみたい。

「辞書」と「文法書」という表現は言語側にひきつけた喩えであるが、その二つを操るのは、思考だ。結局は「リテラシー」は「思考」と直結している。最終的には考え方そのものにふれてくる。「原理面」とはそこまでを含んでのことだ。

そもそも「他者」の手入れが適切か、ということがある。日本語だから、日本語を母語としている人はみんな自信がある。大学教員はみんな大学生よりも文章が書けると思っているかもしれない。しかし、学生にも言い分がある。学生は学生で、自分なりにきちんと書いていると思っている。教員が添削をして、「こうしなさい」あるいは「こうするといいよ」というのは、双方向的でない。「こう思って書いている」という学生の言い分を聞く必要がある。そのやりとりによって、どういう「書きことば」が世代を超えて有効なのか、という模索が始まるようなものだ。

言語使用には世代差がある。自身がいいと思っている「標準形式」が世代によって異なることは少なくない。年齢があがっても、自身が若い頃の髪型や服装をしてしまうことが少なくない。それが自分が「いけてる」姿だという記憶がつよいからだろうが、それと同じように、自身が獲得した言語の「標準形式」は根強い。「若者言葉」という表現、とらえかたがまさしくそれだ。自身と異なる世代が異なる日本語を使っていると、それを括って名前を付けたくなる。場合によっては、それを否定したくなる。しかし、社会は、さまざまな年齢の人が構成している。言語も、その「さまざまな年齢の人」の間で、すべてでなくてもいいのだが、ある程度は通じる必要がある。世代間の言語の「すりあわせ」も大事だ。

右では、添削をするなら双方向的に、と述べた。先に「自覚」と表現したこととかかわるが、「書きことばのよしあし」は、囲碁やスポーツの勝敗のように、誰の眼にもはっきりしているわけではないので、自身が納得するということが重要になってくる。「納得」をさらにいえば、言語化ということだ。「今まで自分は××であったが、▽▽に気をつけると、◎◎の点において自分が提示している「情報」が読み手にとってわかりやすいものになる」というような言語化をしながら、納得をする。これが「書きことばについての獲得①」となり、次にまた別の時に「書きことばについての獲得②」があれば、言語化され、明確なかたちで獲得が増えていく。「これどうですか」「いいですね」、「これどうですか」「よくないところには赤を入れておきました」ということをいくら繰り返しても、獲得できることはないといってよい。

筆者は高等学校で卓球部に入っていた。その当時は、団体戦で県のベスト8に入るぐらいのレベルだから、まあ普通の運動部だ。練習の時にはいいスマッシュがどんどん入る。試合になると全然入らない。今日は調子が悪かったな。これでは技術は上達しない。いいも悪いもすべて「調子」という得体の知れないものが左右していることになる。今のスマッシュはなぜ入ったのか、今のスマッシュはなぜ入らなかったのか。極端にいえば、一本一本、考え、言語化して、自覚しながら練習を積み重ねていかないと、技術面の向上はのぞめないだろう。

キャッチャーのサイン通りに投げた。しかしホームランを打たれた。サイン通りに投げたつもりだったが、実際は少しはずれていたとすれば、まずはピッチャーの責任ということになる。サイン通りのコースであったとすると、そこに投げさせたキャッチャーの責任になる。そして、次には、キャッチャーはなぜそこに投げさせたか、ということになるだろう。

他者とやりとりをすることはもちろん双方向的であるが、自分で問い自分で答えを考えるのも双方向的といえなくもない。インターネット上でつぶやく時に、このつぶやきで傷つく人はいないかと自身に問うのも双方向的だ。双方向的な思考は大事だ。

オンライン授業

筆者が勤務する大学の二〇二〇年度の授業は前期は非対面で、後期はいくつかの授業では対面、その他の授業はやはり非対面で行なった。「非対面」という表現を使ったが、教員と学生(履修者)とが同じ空間で顔を合わせて行なう、これまで行なわれていた授業形式を「対面型授業」と呼ぶことに対しての呼称だ。「オンライン授業」と呼ばれることもある。

「オンライン授業」には、大学が備えている学習管理システム(Learning Management System=LMS)にインターネットからアクセスすることによって、そこに置かれている配付資料やビデオ資料を使って授業を展開する非同時「オンデマンド型」と、オンラインで会議を行なうことができるようなシステムを使い、教員と学生(履修者)とが同じ時間に異なる空間で顔を合わせて行なう「(リアルタイム)同時進行型」とがある。LMSに置いてある資料を、実際に時間割として設定してある時間にならないと公開されないように設定しておけば、同時「オンデマンド型」ということになる。これらを組み合わせることもできる。「非対面」の授業の総称が「遠隔授業」だ。

文部科学省のとりきめでは、これまでも六〇単位までは「オンライン授業」による単位取得を認めていたことも知らないくらい、これまでは「オンライン授業」に縁遠かった。それが、新型コロナウイルスの感染拡大により、いやおうなしに「オンライン授業」ということになった。

筆者もこうしたことについては得意とはいいがたく、一ヶ月ほどは教員は、というより筆者は少なくとも「四苦八苦」であった。そして、前期十五回をとにもかくにも「遠隔授業」を行なってわかったことがある。

これまでの「対面型授業」は言語でいえば「話しことば」のようなもので、「現場性」にいわば縛られている。時間と空間の制約を受けているといってもよい。決まった曜日の決まった時間に、大学の教室という決まった空間で提供される授業に学生が参加する。その日体調がわるいと参加できないし、その日電車が遅れると遅刻する。東京にある大学であれば、一時間目の授業には満員電車に乗らないと参加できないことが多い。これが苦手な学生もいる。「遠隔授業」は「対面型授業」ほど時空に縛られてはいない。これは「遠隔授業」のいい点といえよう。

もっと大きなこととして、「精神の自由」のようなものが、感じられることがある。「対面型授業」では「話しことば」を使って授業を進めていく。基本的には「言語記号の線状性」の原則どおりに、話題を順番に話していくしかない。「ああこれも話しておきたい」と思っても、脱線するとわかりにくいだろうかと思ってやめることもある。「本線」と関係性が薄いと思ってやめることもある。しかし、「遠隔授業」ではいろいろな課題を準備することもできるし、いろいろな文献を配付資料として置いて、目を通してもらうこともできる。関係性は説明しておけばよい。確認のための小テストなどをする時間も充分にとることができる。学生には、いろいろな話題にふれ、過度に緊張しないで楽しんで授業を受けてもらうことができるという面もありそうだ。

また「遠隔授業」をやり始めた最初は、質問ができるように、ということがいわれた。筆者の勤務先の大学のＬＭＳには科目ごとに「質問箱」という機能があって、学生はそこに質問を書き込むことができる。学生の名前はもちろんわかるようになっているが、他の学生はこの「質問箱」を見ることができない。教室での質問は履修者全員の目の前ですることが多い。これまた、そういうことが苦手な学生がいる。疑問に思っても質問できないままに授業が進むこともある。教員側からいえば、質問者が多いとその授業時間内に、そのすべてに丁寧に答えることはできないこともあるかもしれない。それが「質問箱」であれば、ゆっくり答えることができる。「質問箱」に質問が入るとメールで知らせる機能もある。筆者はそれをオンにして、質問にはできるだけすみやかに答えるようにしている。どこにいても、メールさえ見ることができれば、質問に答えることができる。移動中の電車の中からでも答えることができる。

自身が調査し、分析したことを発表する「演習形式」の授業は「遠隔授業」では難しいかもしれないと最初は思った。しかし、発表資料を配付資料として置き、それを発表者以外の履修者が読んで、質問をし、発表者はそれに回答するという方法を採ったところ、学生にはまずまずの評価を得た。それは、ゆっくり他者の発表に接することができ、質問もできるからで、一度でわかりにくければ、何度も読む、ということができるからだ。

「遠隔授業」ではさまざまな課題を出した。レポート形式でまとめて提出してもらうことが多かったので、学生は少したいへんだったかもしれないが、きちんとしたレポートを提出してくれた。学生もレポートがだんだんしっかり書けるようになった、という実感をもったようだが、筆者の側も同じように感じた。*

＊ 東浩紀『ゲンロン戦記』(二〇二〇年、中公新書ラクレ)「オンラインが消してしまいがちな「誤配」を仕掛ける、というのがゲンロンの哲学でした」(二三四頁)と述べている。別の箇所において、東浩紀は「ぼくはよく、コミュニケーションでは「誤配」が大事だということを言います。自分のメッセージが本来は伝わるべきでないひとにまちがって伝わってしまうこと、ほんとうなら知らないでもよかったことをたまたま知ってしまうこと。そういう「事故」は現代ではリスクやノイズと捉えられがちですが、ぼくは逆の考えかたをします。そのような事故＝誤配こそがイノベーションやクリエーションの源だと

思うのです」（九二頁）と述べている。新型コロナウイルスの感染拡大の中で行なわれた大学の授業は「オンライン授業」と呼ばれることが多いが、同時進行する「オンライン授業」もあれば、大学のLMSに資料や課題を置いて、学生にじっくりと取り組んでもらう非同時進行の「オンデマンド型授業」もある。東浩紀の「オンラインが消してしまいがちな」は大学の授業でいえば、同時進行する「オンライン授業」にあたる。非同時進行の「オンデマンド型授業」では、さまざまな資料を置き、さまざまな課題に取り組んでもらうことができる。一年ちかく遠隔授業を行なってきてわかったのは、当初は教員が課題を出しすぎて学生が大変だったということだ。それは授業時間に相当する内容がどの程度であるかがわかっていなかったということでもあり、また授業内容を充実させないと、という教員側の熱意でもあったと思われる。そうしたことも次第にわかり、現時点では「ほどほど」がつかめてきたと考えるが、対面型授業では「さまざまな資料」を紹介することは難しい。それが右のようなことで結果的に行なわれた。あるいは「誤配」も含まれていたかもしれない。しかし、その「誤配」が学生の興味をひき、何かの「入口」になることもあったと考えたい。

学生の側にもうまくいかないことがある。Wi-Fiが不安定でレポートが期限までに提出できないという連絡がくる。教員の側にもアップしたつもりだったのに、うまくアップできていないとか、ファイルがあかないとか、いろいろなことがある。履修している学生がやんわりとアップできていないのではないですか？ と質問してくれることもある。丁寧な学生は「私の側の問題かもしれませんが」と一言添えてくれる。こういう時はだいたい教員の側の不手際だ。筆者は「遠隔授業」を始めた頃に双方いろいろなことがあるだろうから、「寛容の精神」でいきましょう、と呼びかけた。自分に自信がなかったことが主な理由であるが、「寛容」はある程度は理解されたと感じた。*

＊「寛容」の対義語は「不寛容」であるが、新型コロナウイルスの感染拡大は、「不寛容」も顕在化させた。その「不寛容」はしばしば「正義」を名乗ることがあった。村上陽一郎は『Voice』第五一七号（二〇二〇年十二月十日）に載せられている「科学理解と「寛容」の精神を取り戻せ」において、「すべての物事に正解や万全の解決策があるわけではない。そのときに、少し立ち止まり、眼前の問題を別の角度から考えなおす。そうしたネガティブ・ケイパビリティの態度があまりにも失われている」「今回のCOVID-19で明らかになったのは、日本社会の一部がおよそ非科学的で、科学の「か」の字にすら届いていないという事実だ」と述べている。二〇二〇年十二月二十四日の『朝日新聞』の「論壇時評」欄において津田大介はこの村上陽一郎の言説を紹介し、さらに十二月十五日の『朝日新聞』に載せられていた「不寛容の時代」と題された桐野夏生の寄稿記事にふれ、「桐野の嘆息は答えのない問いに「正解」を求め、ネガティブ・ケイパビリティを欠くことを案ずる村上の問題意識とも通じる」と述べている。帚木蓬生『ネガティブ・ケイパビリティ』（二〇一七年、朝日選書）の第十章においては、ギャンブル障害の自助グループである「ギャンブラーズ・アノニマス（GA）」が目ざすのは、「単にギャンブルをやめることではなく、人としての徳目を身につけることです。その徳目として、「思いやり」「寛容」「正

直」「謙虚」があげられています」(二〇二頁)と述べられている。現代風に表現すれば「ベタな話」になっているようにみえるが、「倫理」的であることは今後重要になると考える。

少なくとも大学の授業ということに関していえば、「対面」だから双方向的で、「遠隔授業」だから双方向的でない、ということではないことがよくわかった。これまでの自身の「対面授業」はもっと工夫ができ、もっと双方向的に展開できたということにも気づいた。「対面」か「遠隔」かは授業の提供のしかたで、それぞれにはそれぞれの「特性」があるので、そこは動かない。しかし双方向的に「内容」が提供できるかどうかは、実は「提供のしかた」のようにみえてそうではなく、「内容」に深くかかわる。つまり「内容」の一部のようなものだ。対面であっても、教員が読み上げる講義内容を履修者が一字一句間違えないようにノートに写す、という授業が双方向的でないことは明らかだ。*

* 何が何でも大学の授業は対面でなければならないという考え方を仮に「対面至上主義」と呼ぶことにしよう。「何が何でも」は理由はどうあれ、ということであるが、授業料を返せと言われるからという理由の場合は「経営重視の対面至上主義」ということになる。「経営重視」を「資本主義的」とみなすと、二〇二〇年に頻繁に耳にし、目にした「感染拡大の防止と経済と両方をまわしていかなければなら

ない」の一方が「経済」であったことに重なってくる。新型コロナウイルスの拡大でわかったことの一つは、文化や教育までもが経済すなわち資本主義しかもグローバルな資本主義にからめとられているということでもあった。海外に貸し出されていた美術品は返却されずに現地にあり、借りた美術品は返却できずに日本にとめおかれている。ジル・ドゥルーズ＋フェリックス・ガタリ『哲学とは何か』（二〇一二年、河出文庫）の「序論」には「マーケティングは、〔もちろん哲学の場合とは異なる〕概念〔コンセプト〕と出来事〔イベント、催し〕との或る種の関係の理念を保持することにはなった。しかしその場合、見よ、概念は、〔歴史、科学、芸術、セックス、実際的な用途などに関する〕産物や製品の紹介の総体に成り下がってしまい、出来事は、そうしたさまざまな紹介を演出する展示会や、その展示会で発生するとみなされている「アイディア交換」に成り下がってしまったのである。出来事は展示会でしかなく、概念は売ることのできる製品でしかない。《批判》をセールスプロモーションに置き換える一般的な運動は、哲学に悪影響を及ぼさずにはおかなかった」（二二～二三頁）とある。

二　公性の意識

倫理的であること

一国のリーダーが国民に対して語る場合には当然「公性」が意識されているだろう。あるいは国際会議で発言する場合であれば、一国の代表ということになる。組織のリーダーが組織の構成員に対して語る場合も同様だ。組織の規模や位置付けによって、「公性」の度合いもまた変わるであろうが、そこには必ず何らかの「公性」があるだろう。今ここではわかりやすくするために「語る」という表現を使っているが、「話しことば」に限ったことではなく、「書きことば」も含めての「発信」を意味している。

右は言語に関しての「公性」であるが、一国にせよ、組織にせよ、リーダーには組織にふさわしい「公性」を意識すること、さらにはその「公性」を尊重し、大事にする気持ち（パブリックマインド）が求められる。リベラルアーツ（教養）を学ぶことによって、自身が身を置いている集団＝共同体における「徳（virtue）」を身につけ、自立的な個人としての自己を形成し、「共同体」のよりよき運営に自立的にかかわる。「共同体における徳」は「市民としての徳（civic virtue）」ということになる。「教養」「徳」「共同体」はキーワードになる。「徳」は「倫理」的であるということにかかわる。

言語は共有されていることが前提になる。共有されているものが言語といってもよい。共有されているということは、何らかの集団に、ということだ。その「何らかの集団」は「言語を共有する共同体」といってもよい。* そして共同体の一員である以上、その共同体のよりよき運営を願うということのはずだが、共同体という意識が薄れ、あるいはないと、その「よりよき運営」もない。「よりよき」は「徳」や「倫理」にかかわるが、「よりよき運営」が意識されなくなれば、「徳」や「倫理」も求められないことになる。

＊　山崎正和（一九三四〜二〇二〇）の絶筆となった「哲学漫想」第四回「リズムの発現と言語文明」（『アステイオン』第九三号、二〇二〇年、CCCメディアハウス）においては「互いに対話」する舞台上の「役に扮した俳優」と「観客席の第三者」という構図を設定し、「舞台の俳優」からみると「観客席の第三者」は「公人」にあたると述べる。そして対話をしている「舞台の俳優」と「観客」とを「鼎話」に見立て、「この劇場の人間関係は普遍的であって、一般に「鼎話」の関係、第三者の存在が「公」の社会を形成する」、公的な空間は「共同体のあり方としては一定の規模を持ち、しかも適切な秩序を保つものを指すはずである」「この公的世界こそ言語の成り立つ場所であって、また言語の生態それ自体が「公的化」するべく努めているように見える」「公的な性格が言語の文に恒常的な安定を与え、情報の信頼性という一点で、言語以前の一対一の情報よりも優位に置くということである。言語と言語以前の情報の違いは、前者には反復することが可能であり、むしろ同じ発信の繰り返しを常態とするのにたいして、後者は貴重な一回ごとの情報の一回性にこだわり、その純潔性を守る点にあるといえそうである」と述べている。「舞台の俳優」と「観客」とを「三」ととらえるのがふさわしいかどうかということについてはあるいは考える必要がある。「舞台」をみている「観客」が「舞台」の俳優に自身の顔を見られることのない暗がりの中でつぶやくという図式が、インターネット上の「匿名」の発信の図式ともいえよう。暗がりの中でつぶやくのではなく、顔の見える空間における「観客」になるということには意義があると考える。東浩紀『ゲンロン戦記』の副題は「「知の観客」をつくる」で、東浩紀は「コミュ

ニティをつくること」(一二六頁)を重視し、「あらゆる文化は観客なしには存在できません。そして良質の観客なしには育ちません」「才能あるクリエイターではなく、それを支える批判的視点をもった観客も一緒に育てたいと考えているのです」(一二七頁)と述べている。それはそれとして、しかしながら、二項対立の「二」ではなく、「三」が重要であることは首肯できる。三番目の人物は「司会役」あるいは「案内人」「仲介者」ではないか。東浩紀いうところの「観光客」も「第三のカテゴリ」(『ゲンロン戦記』二五三頁)であろう。「情報番組」でアナウンサーが司会役になって、感染症の「専門家」と「ゲストコメンテーター」の意見の調整をする。調整ができている間は、まずまずのかたちを保つことができる。しかしアナウンサーが自身の気持ちを抑えられなくなって、自身の考えを述べる、「ゲストコメンテーター」のことばを遮って発言をするようになると、視聴者が視聴するような「公的な」言語空間ではなくなる。「三」が保てるかどうかが重要になっていく。

「共感」は感情的、情的な「同調」で「公性」とはむしろ対極的といってよいかもしれない。「共感」には「徳・倫理」はかかわらない。「共感できるかできないか」は「好きか嫌いか」にちかい。「私がアテモヤが好きでリンゴが嫌いなこと」について議論することはできない。「リンゴが嫌い」ということは多くの場合よりよき共同体の運営にはかかわらないであろうし、「徳」や「倫理」にもかかわらない。そこにあるのは、ただ「私の感情」だけといってよい。同じようにアテモヤが好きでリンゴが嫌いな人は、「共感」できる。しかし逆にアテモヤが嫌いでリンゴが好きな人は共感できず、リンゴが嫌いな人なんてあり得ない、ということになる。「共感」はそれでも「共感できる」「共感できない」ということがあるからいいかもしれない。誰かが食べたスイーツの画像が突然「共有」で送られてくる。いやも応もない。そうされたくなかったら「ブロック」するしかない。「共有」には問いかけもないかもしれない。一般的な意味合いの共有があり、感情的に「同調」を求める「共感」があり、さらに非感情的な鉤括弧付きの「共有」があると考えるといいのではないか。「共感」をうんと無愛想にしたものが鉤括弧付きの「共有」といってもよい。そしてそれは一方的であるともいえよう。

二〇二〇年十二月十九日の『朝日新聞』朝刊の「社会」面に「「こたつ記事」謝罪・訂正続々」という見出しの記事が載せられていた。「著名人のソーシャルメディアなどでの発言」を「発言内容の検証なしに」つくる記事を「こたつ記事」と呼ぶとのことだ。記事中にはこうした記事は「報道機関に求められる「価値判断」や「検証」といった役割の放棄につながる」とある。内容＝コンテンツが報道するに足るものであるかという「価値判断」、その内容＝コンテンツに虚偽が含まれていないかという「検証」は当該報道機関の「公性」に深くかかわるが、そうしたこと抜きにそのまま「拡散」されていたということだろう。まさしく鉤括弧付きの「共有」だ。

多様化のなかの「やりとり」

一般的な意味合いでの「共通・共有」はみんなが茶の間でテレビを見るということがなくなったあたりから希薄になっていったともいえよう。「共通・共有」が希薄になれば、何らかの価値観によって分かれていくことになる。そして何らかの言語表現が分類のための「レッテル」となる。筆者が「ネクラ」という語を初めて聞いたのはいつだったか。こういう「みかた」があるのかと驚き、そしてなんでも「ネクラ／ネアカ」と分けていくことが好きになれなかった。それはいいとして「ネクラ／ネアカ」といういわば二項対立的なとらえかたは、わかりやすいといえばわかりやすく一九八〇年代にはさかんに使われた。「ネクラ」はいったん「オタク」に回収されたようにみえたが、「メジャー／マイナー」「陽キャ／陰キャ」といった表現に変わりながら、とらえかたそのものは継承されているようにみえる。

多様展開した価値観を一本化することなどできるはずがない。そう考えるのではなく、ある程度の範囲で、「共同体」を意識し、「よりよき運営」を意識することがいいのではないだろうか。言語に関していえば、言語も世代ごとに少しずつ異なる言語態をもっているといってもよい。「若者言葉」と言われるものはそのもっとも明白なあらわれといってよい。しかしその一方で、言語は世代を超えて共有されてもいる。その、世代を超えて共有されているところを大事にし、もしも可能であれば、そこを拡げていく。

筆者の勤務している大学の学科では卒業論文が必修科目になっている。つまり卒業論文を書いて提出し、それが認められなければ卒業ができない。卒業論文の指導は、学生一人一人のテーマに沿って行なう必要がある。筆者が卒業した大学では、（現在はどうなっているかわからないが）個別的な論文指導はなかった。こういうテーマで書きますというと、「わかりました」といって指導教員がはんこをおすだけだった。そういう教育もあっていいのだろう。現在もそれにちかい大学はあるだろう。だからそれはそれでいい。

指導をするとなれば、一人一人とやりとりをする必要がある。この原稿を書いている二〇二〇年は新型コロナウイルスの感染拡大のために、卒業論文の指導もＬＭＳを通して行なうことがあった。時にＺｏｏｍにより、時にはメールで、指導をした。方法はともかくとして、とにかく学生と「やりとり」をする必要がある。この「やりとり」が大事だといつも思う。学生にとっては、自分の父親よりもさらに年がいっている筆者と、「やりとり」をすること自体が大変かもしれない。それは「お互い様」で、教員は教員で、学生の言語を理解する必要がある。

まず世代を超えて言語によって「やりとり」をする。しかも、論文という「ハードな書きことば」をめぐってのやりとりだ。妙な言い方であるが、年齢差がある人と、真剣に言語でやりとりをすることは大事だ。そのことによって、「世代を超えて共有されている言語」を確認し、そこを強化することができる。学生は社会人になってからの準備をすることができる。筆者は年齢が離れている小さな子供にも「大人のことば」で話しかけるようにしている。小さければ大人と同じようにはことばを操ることはできない。できる範囲で、「やりとり」をしてみる。

三　リベラルアーツを学ぶ

謙虚な姿勢で

古代ギリシャ、ローマ時代からルネサンスにかけて、言語系の「文法」「修辞学」「論理学(弁証法)」の三科、数学系の「算術」「天文学」「幾何学」「音楽学」の四科とを合わせた「自由七科」が「自由学芸(artes liberales)」「リベラルアーツ」と呼ばれることがあった。「リベラルアーツ」は中世のイタリアやフランスの大学を経て現代のアメリカのリベラルアーツ・カレッジへと継承され、日本においてもリベラルアーツ教育を行なっている大学は少なくない。

筆者が勤務している大学では卒業に必要な単位一二四単位のうち、七〇単位を「専門科目」

という科目群から修得することが定められている。三八単位は「共通科目」という科目群から、残り一六単位はどの科目群から修得してもよい。「専門科目」以外の科目群がそのままリベラルアーツというわけではないが、リベラルアーツを軸にしている学部、学科以外の現代の日本の大学においては、大きな枠組みで考えれば、「専門科目」に対してリベラルアーツ的な科目があるとみてよいだろう。

「専門科目」は限定的に展開する。一年間『源氏物語』を読む、ということもある。しかし、リベラルアーツは自由七科なのだから、広く学ぶということがまずあるはずだ。では「広く浅く」ということかといえば、もちろんそうではない。そもそも「浅い学び」などというものがあるはずがない。学びはあくまでも「深さ」が必要であるし、「深さ」が学びの前提であるといってもよい。そして「広く学ぶ」ということはさまざまな価値観を学び、人間がこの世で、多様に展開していることを学ぶということでもある。それは自身が知らないことがあることを知ることでもあり、そうすることは「謙虚」になることでもある。

査読がある雑誌に論文を投稿して不採用になる。筆者はずっとそういう経験を続けている。こういうところが不十分だ、こういうところが論理的でない、飛躍している。そうした査読意見を(時には何だとお！と思うこともないではないが)謙虚に受け入れる。受け入れないまでも、こういう考え方があるのだということを知る。それは大事なことだ。もちろん何も修正を求められずに採用されることは理想ではあるが、いろいろな考え方があることを、お題目などではなく、身をもって知ることが大事だ。投稿しなければ、不採用にはならない。何かを指摘されることはない。リングにあがらなければ、殴られることはない。自身が知らないことは何か、自身に不足していることは何かを知ることは大事で、そのためには「謙虚」ということは案外大事になる。*

＊ 芳沢光雄『リベラルアーツの学び』(二〇一八年、岩波ジュニア新書)は「リベラルアーツにおいては、様々な立場の人達の理解を求めるために、深い視点、および広い視点をもつ謙虚な姿勢を学ぶ必要があるからです」(一七一頁)と述べている。

アンティームな言語空間

右では「組織の構成員」といういささか「固い」表現を使った。「組織の構成員」がお互いにどの程度「親密《アンティーム》」であるかということがある。筆者の勤務先の大学は、大学の構成員＝教職員によって「アットホームな」と表現されることがある。勤務していると、なるほどこういうところがそうだ、と思うことは少なくないので、よくわかるし、いい大学だと思う。ただし、いいかわるいかということではなく、一般論としていえば、「アンティーム」や「アットホーム」は「公性」からは離れたところにあるといえなくもない。ここで述べるところの「アンティーム」「アットホーム」、は相手が具体的にみえている空間を指している。* そこが、相手は見えていないが、「共感」だけが満ちているインターネット空間とは異なる。

＊ この「アンティームな言語空間」が東浩紀の「親密な空間」（『ゲンロン戦記』二四六頁）とおそらく重なる。

相手が見えていると話し方も丁寧になる。相手が見えていなくても丁寧にすれば、「話しことば」も「書きことば」も当然丁寧になる。そのことからすれば、「丁寧《ポライトネス》」ということもキーワードの一つになりそうだ。* 「コミュニティ」と呼んでもいいかもしれない。新型コロナウイルスの感染も、日常的に接している「コミュニティ」外の人と接触すると感染する可能性がたかまるとのことだった。「コミュニティ」を大事にするというと、閉鎖的な感じになるかもしれないが、情報の「やりとり」をしっかりと行なうことができる「コミュニティ」は今後大事になってくるだろう。

＊ 「ポライトネス」は一九八七年にペネロピ・ブラウンとスティーブン・レヴィンソンが提唱した概念

で、実際の言語使用の場面における対人関係を調節する機能として「ポライトネス」をとらえた。「ポライトネス」は「人間関係を円滑にするための言語ストラテジー」と考えられている。人間には、他者に理解されたい、賞讃されたいという(プラス)方向への欲求と他者に干渉されたり、立ち入られたくないという(マイナス)方向への欲求とがあり、「ポライトネス理論」では前者を「ポジティブ・フェイス」、後者を「ネガティブ・フェイス」と呼ぶ。前者は他者に近づきたい欲求で、後者は他者と距離を置きたい欲求である。日本語には待遇表現があり、相手によって使う言語形式を変えることが一般的には行われている。しかし、敬語を使うことによってかえって「慇懃無礼」になったり、「ため口」が心的な距離を近くするということもあり、敬語使用と人間関係の円滑さとが重ならないこともある。

例えば「人間の世界」と「人間がかかわらない世界」とに「世界」を排他的に分類してみよう。「人間がかかわらない世界」も人間がそのように認識する必要があるから、実はすべてに人間がかかわっているといえるのだが、今ここでは仮にそのように排他的に分類しておく。「人間の世界」においては、「相手=読み手+聞き手」がみえていなかったとしても、そこに誰か人間がいることはたしかだから、(実際としてどうかは別として)基本的に「対人関係についての配慮=丁寧さへの配慮」ははたらいているといえよう。しかし、「人間のかかわらない世界」においては、そこには人間がいないのだから、「対人関係についての配慮=丁寧さへの配慮」は不要ということになる。

もちろんランドセルに名前をつけて、大事に使うということはあるだろうし、植物に話しかけながら水をやるということもあるだろう。筆者もベランダでミニトマトを育てていた時には、「たくさん実をつけるんだよ」と話しかけながら水やりをしていたし、なかなか起動しないパソコンに向かって「早くしてくれ！」と叫ぶこともある。そういうことはあるだろうが、それは措く。

そこで、「インターネット」はどうかといえば、人間がかかわっていることは疑いもないことであるが、空間としてとらえた時には、そこに具体的な人の顔はみえにくい。Amazon のレビューを書く時に、「読み手」の顔を思い浮かべて書いている人もいるかもしれないが、多くはそうではないだろう。「インターネット」という無人の空間に向けて、発信しているような気持ちではないだろうか。そうだとすると、「インターネット空間」には確実に人間が関与しているにもかかわらず、「人間の世界」か「人間がかかわらない世界」かといえば、どちらかといえば後者寄りに意識されやすいということはないだろうか。人がいなければ、「対人関係についての配慮＝丁寧さへの配慮」は必要がなくなる。そうして、「インターネット空間」でやりとりされる言語は丁寧ではなくなる。「丁寧ではなくなる」というよりは、「人間の世界」

でやりとりされている言語とは違う面をもつようになる。これが「打ちことば」の背後にあるのではないだろうか。

しかし、右で述べたように、実は「インターネット空間」には人間がいる。人間がいないような気持ちで発信者が「対人関係についての配慮＝丁寧さへの配慮」なしに発信した言語を人間が受け止めれば、場合によっては堪えられない、ということになる。

「場合によっては」というのはまさしく「場合によっては」であり、問題がないことも当然ある。「ここには人間が一人もいない」「こちらにはいる」というような単純な排他空間はもはやないとみたほうがいいのかもしれない。こっちには人がいないと思って石を投げたら人にあたった。そうなると、「ここには人はほとんどいないけれども、ここにはいるからこっちの方には石を投げないように」というような「案内人《ガイド》」が必要になる。空間が複雑になると、「案内人」の果たす役割は重要になる。「案内人」は「仲介者」といってもよい。信頼できる「仲介者」すなわち、商取引における「公正な仲介人《オネスト・ブローカー》」が存在すれば、複雑な言語空間もなんとかなる。

四　「よむ」しかない

しっかりした書きことばを選ぶ

先に「ハードな書きことば」「話しことば化した書きことば」を両極としてとらえるといいのではないかと述べた。「ハードな書きことば」にもいろいろありそうだが、その一つの極は「専門家」による「書きことば」であろう。それは学術書や論文をかたちづくる「書きことば」だ。そしてそれは日常的な言語空間にはあまり姿をあらわさない。したがって多くの人に無縁の「書きことば」であろう。しかし大学生にとっては無縁ではないはずで、まずは大学教育の中で、もっとも「ハードな書きことば」を修得する必要がある。もっとも「ハードな書きことば」が身につけば、あとは「ハードさ」を調節すればよい。そもそも大学とはそういう場であったのではないか。人文学系の学部は必要ないというようなことが喧伝されるようになった。卒業論文を書いて大学を卒業するという、かつては当然だったことが当然ではなくなっている現在、大学教育のどこかでもっとも「ハードな書きことば」を修得するトレーニングがあってよいだろう。当然もっとも「ハードな書きことば」を自身が書くためには、もっとも

「ハードな書きことば」を読むことになる。

では、大学生ではない場合は、どうすればよいだろうか。いわゆる「ベタな」方法にみえるかもしれないが、「学術書」もしくはそれにちかい本を読むということがありそうだ。* 大学生であれば、自身の専門外の「学術書」を読むということだ。大学という場においては、筆者が大学生の頃には、「教養」と「専門」とが分かれていた。まず広く「教養」を身につけるための「一般教育」という科目群があった。** 学生にはあまりその意味合いはわかっていなかったかもしれないし、必ずしも効果的な授業運営がなされていたとはいえないかもしれない。しかしとにもかくにも、そういうカテゴリーがあった。大学の外では、新書や選書がそういう働きをしていた。教養のための新書、選書といった趣が強かった。

* 鈴木哲也『学術書を読む』(京都大学学術出版会)はこうしたことについてのガイドであると同時に、現在どのような状況下にあるかについてもふれている。

** 山本貴光は『「百学連環」を読む』(二〇一六年、三省堂)において、「エンキュクリオス・パイデイア」が「基本的な教育課程」「一般教養」を意味していたことを述べ、それは「あれこれの学術が「円環をなした教養」」(四五頁)で、それが「百学連環」であることを述べている。

筆者も高校生ぐらいから岩波新書を読み始め、いろいろな分野のことを知った。高校を卒業する頃に岩波新書の「黄版」が出版され始め、「青版」に馴れていた目からは新鮮でもあり、また「内容」も新鮮であった。その頃は教養のための新書や選書は身のまわりにたくさんあった。

現在も新書や選書はそうした位置付けであろうが、ここでも「わかりやすく」が第一義的に追求されるようになっていると感じる。まず「内容」があって、それを「わかりやすく」書くということであればまだいいが、「内容」がよくても、「内容」の複雑さのために「わかりやすく」なりにくいとなると、企画としては「没」になる。古典文を引用するなら必ず現代語訳、漢文は書き下し文で、注は使わない、となってくると、過去の日本語を話題にすること自体が難しくなる。かつての「書きことば」を分けるとすれば、やはりもっとも「ハードな書きことば」は学術書、論文をかたちづくる「書きことば」であろう。それは現在と同じだ。もう一方の極には、「日常的な言語生活におけるごく一般的なソフトな書きことば」があったとすると、その中間の「ハード」寄りには、新書、選書のような「書きことば」があったはずだ。この「新書、選書をかたちづくるセミハードな書きことば」が「ハード」と「ソフト」とをつなぐ「ブリッジ」のように存在していたことによって、「ハード」「セミハード」「ソフト」がそれぞれの「エリア」を確保していた。そして「エリア」が確保されているということは外側からもそれが見えやすいということでもある。「中間」や「ブリッジ」がなくなることによって、かえって、「極」が消失しているのではないか。

できるだけ精密に

教養のための新書、選書を読むということと、専門外の学術書を読む、ということを自身の「書きことば」の強化のための方法としてあげた。そのこととかかわって、「書きことば」を精密に読む、という方法もありそうだ。「古典を読む」ということも一つの方法として考えることができる。「古典」と呼ばれるような書物の場合、これまでの「よみ」が蓄積されていることがほとんどであろう。そうしたものを頼らずに自身で読む、ということはもちろんいい。これまでの「よみ」を「ガイド」にして読むのもいい。「古典」と呼ばれるような書物は現在書かれたものではないことがほとんどで、場合によってはギリシャ時代に書かれた、というようなものもある。「書きことば」は時空を超えるためにある、と述べたが、どれだけ「時空を超えているか」を実感することができる。日本語以外の言語で書かれた古典を日本語で読む場合には、「翻訳」すなわち異言語間の置き換えということについて考えることもできる。日本語の古典、ということでいえば、日本語が変化してきたということを実感することができる。

『源氏物語』をそのまま理解できる人は少ないだろう。辞書を引いたとしても、まだ難しそうだ。大学で『源氏物語』を一生懸命学びました、と就職活動の面接で言ったとしても、「我が社は君のような人材を求めていたんだよ」とはならないだろう。がんばったことが尊いのだという「みかた」もあるかもしれない。現代の日本において『源氏物語』を学ぶことの意義を説明するのは案外難しい。しかし、もっとも「ハードな書きことば」ということからすれば、古典はその「極北」にあるともいえよう。言語面では最上級の「ハードな書きことば」を読むということだろう。日本語ではあるが、自身が知らない日本語があることに気づき、そのことによって、現代日本語は相対化される。「相対化」は自身が絶対ではないということで、これもキーワードの一つといってよい。「内容」についていえば、「共感できること／共感できないこと」だろうか。

　時空を超えるということは「今、ここ」ではない、ということでもある。「今、ここ」が最優先されることが多い時に、非＝「今、ここ」はそれだけで大事だともいえる。「今、ここ」が突然出現したのではなく、「今、ここ」に至るプロセス*がある、ということを意識することは、大事だ。それは「歴史」を意識することでもある。そして「歴史」を意識するということは、「事実」には必ず人間が関与しているということを知ることにもつながる。また、しらずしらずのうちに自分が属している時空の「現在」の価値観によって、すべてを推し量ろうとしていることも、非＝「今、ここ」とふれることによって気づく。「現在」の相対化、自身の価値観の相対化はどうしても必要なことであろう。人間は個人が具体的に経験してきたことに基づいて判断をする。それは「必然」であるが、少なくとも自身がありとあらゆることを経験しているわけではないということはいつも意識しておく必要がある。相対化はつねに「カウンターオピニオン」**があるということを意識することでもあるし、自身の言説についていえば、反証可能性(falsifiability)***が確保されているということでもある。「カウンターオピニオン」は馴染みがないかもしれないが、医療の分野における「セカンドオピニオン」は広く知られているだろう。

＊「プロセス」は一生懸命やった証として大事なのではなく、「寄り道」として意義があると考える。東浩紀は「旅の価値のかなりの部分は、目的地に到着するまでのいっけん無駄な時間にあります。そのときにこそひとは普段とはちがうことを考えますし、思いかけぬひとやものに出会います。そのような経験こそ「誤配」です」(『ゲンロン戦記』二三五頁)と述べている。

＊＊ 二〇一七年十一月九日に、アメリカのワシントン・ポスト紙は、ウェブサイトのオピニオン記事に、自社の記事での主張と対立的な記事を勧める「カウンターポイント(反対意見)」という仕組みを導入したことが知られている。しかし、日本の新聞においては、まだ「カウンターオピニオン」という「思想」自体が顕在化していないように思われる。「聞蔵Ⅱ」によって「カウンターオピニオン」を検索し

てもヒットはない。『日本経済新聞』を検索することができる「日経バリューサーチ」で検索しても、『毎日新聞』を検索することができる「毎索」で検索しても同様である。

*** カール・ポパー（一九〇二～一九九四）は、科学的理論は自らが誤っていることを確認するテストを考案し、それを実行することができることを提唱し、そうした「反証可能性」が備わっていることを「科学」の基本条件とした。したがって、「反証可能性」が備わっていないものは「非科学」ということになる。「反証可能性」が備わっていないということは、「間違っている事を示す方法がない仮説は科学ではない」と言い換えることができる。

そうであるから、筆者が本書で述べていることも、もちろん筆者の限られた経験の中で述べているに過ぎない。異なる価値観、異なる判断はもちろんあるはずだ。大事なのは、まずは異なる価値観、異なる判断があることを認めること。次にはその異なる価値観、異なる判断にまずは耳を傾けることであろう。受け入れられないことは誰にでもある。これは受け入れられないな、という判断はあってよいが、自身がいつも絶対に正しいとは思わないほうがいいだろう。

詩的言語から読み取れること

序章においてまず「他者に伝えたい情報」があり、それを言語化するというモデルを示した。

そこでは説明しなかったが、筆者は「他者に伝えたい情報」には、あまり感情を含まず、他者に伝えやすい「ことがら情報」と、おもに発信者の感情、感覚にかかわり、他者に伝えにくい面をもつ「感情情報」がある、というモデルを考えてきた。

もちろん「ことがら情報」と「感情情報」が二者択一的に截然と分かれるはずはなく、「ことがら情報」には情的な「感情情報」が含まれていることが自然であろう。伝統的な和歌、俳諧、現代の短歌、俳句、現代詩は「感情情報」の「純度」がたかいといってよいが、それでも「ことがら情報」的なものが含まれているから、読むことができる、という面もあるだろう。

中学校、高等学校の教科書に和歌、俳諧、短歌、俳句、現代詩が載せられている。したがって、教育の場で「感情情報」を盛る「器」である「詩的言語」が採りあげられていないわけではもちろんない。しかし、多くの人にとって、高等学校卒業後は、「詩的言語」は「遠い」ものになってないだろうか。短歌、俳句を作っている人は少なくない。そういう方々は、ずっと「詩的言語」とともにあるといってよい。ここでは短歌や俳句、現代詩の実作者ではない人も「詩的言語」を丁寧に読む、ということを試みるといいのではないかということを述べておきたい。

まず、感情や感覚がどのように言語化されているかということを丁寧に探ることによって、感情や感覚も言語化できるということが実感できる。「書きことば」ではいかにも難しそうであるが、それができるということを知ることは大事だ。そして、感情や感覚をあからさまに、つまり直接的に表現しなくても表現できることを知ることも大事だ。

例えば、恋人に会いたいと直接的に言語化するのではなく、恋人の家が見たいと言語化する。むしろその、直接的にあからさまに言語化しないというところに詩的言語の要諦があるといってもよいだろう。* 「ありのまま」を言語化するのではない言語化があることを知ること、そして、そうした「非ありのまま言語化」によって伝えられる「情報」は少なくないことを知ることは重要だ。**

* 江戸時代の国学者富士谷御杖《みつえ》（一七六八〜一八二四）は直接的な言語表現を「直言」、そうではない言語表現を「倒語」と名づけ、後者のみに「言霊」が宿るとみる「言霊倒語」説を提唱した。御杖の言説には現代の言語学の「みかた」と重なり合いがある。

** 一九五九年に出版された、清水幾太郎『論文の書き方』（岩波新書）のVには「「あるがままに」書くことはやめよう」という章題が付されている。

小学校や中学校においては、「詩的言語」をひととおり「鑑賞」すると「それでは実際に作ってみましょう」となることもある。しかし、日本の短歌、俳句は「定型詩」であり、だからおもしろいという面もあるが、情報を「圧縮」して表現する必要がある。言語量に制限なく「情報」を言語化することと比して、だいぶ難しい。

問いとしては「作者はどう感じていたでしょう」となるかもしれないが、大事なのは、それをどのように言語化しているか、というところだ。作者の気持ちを想像することが目的ではなく、その想像される作者の感情や感覚がどのように言語化されているかを探るところにある。そのことによって、言語の機能、言語が感情や感覚までも表現できるということをある程度にしても実感することができるはずだ。

今必要なのは、「情報」とそれを言語化した「言語表現」をセットにして、「情報」がきちんと言語化できているか、ということを丁寧に吟味することであろう。そのためには、「書きことば」を丁寧に読む、精読するということが必要だ。自身の言語運用能力でどこまでが理解できて、どこからが理解できないか、それを理解することが重要になる。コピーの文体にまどわされず、「キャッチー」であることにふりまわされず、そうしたことをやってみるのが大事だ。

終章　「私」を超えて

一 コロナ下のことばをよむ

ここまでいろいろな観点から、「書きことば」と「話しことば」とをつないでいた「回路」が機能しなくなってきているのではないかということを述べてきた。このような「感じ」は多くの人に共有されているのではないかと想像しているが、「全然そうは思わない」という方もいるだろうし、「言われてみるとそうかな」という方もいるだろう。それはそれでもちろんいい。

二〇二〇年以来、新型コロナウイルスの世界的な感染拡大が収束せず、いわゆる「コロナ禍」「コロナ下」の状況が続いている。

新型コロナウイルスの感染拡大に伴って、いろいろなことを経験した。その経験は、共通性がたかかった。全世界が同じような脅威にさらされ、それに対して全世界の人々がなんとかしようとした。各国のリーダーはそれぞれの思うところに従って行動した。恐れる必要がまったくないのだと国民を鼓舞したリーダーもいれば、感染を抑えることを最優先にしたリーダーもいた。そしてそれぞれの行動が「今どうなっているか」という目にみえる、誰にでもわかる「状況」や「数値」としてあらわれてきた。

日本列島上も同じだ。国の対策、各都道府県知事の対策、すべて新型コロナウイルスの感染拡大をとめるためのものであり、各都道府県知事の言動もそれぞれではあったが、目的は同じであったはずだ。そしてその結果が「状況」や「数値」となってあらわれてきた。

新型コロナウイルスの感染拡大によって、さまざまな「分断」が進んだという。しかしそれは、新型コロナウイルスの感染拡大によって、顕在化しただけといえそうでもある。もともと潜在的に進行していたことがはっきりとしただけで、今に始まったことではないということが案外多かったのではないだろうか。新型コロナウイルスの感染という共通の脅威が日本列島を覆い、共通の経験をしたために、いろいろなことが明らかになった。それが「分断」であるならば、今までは見えていなかったが、「分断」が進行していたということだろう。

では、そうした「現在」はどのような「ことば」で表現されているだろうか。筆者自身の「観察」を以下に記し、これまで述べてきた「日本語に起きていること」が、危機のなかでどのようにあらわれているのかを、読者の方々に考えてみていただきたい。あえて筆者自身の価値判断を極力差し挟まないようにしてみたつもりである。当然、「正しい答え」は存在しない。

covid-19をめぐる比喩

二〇二〇年五月六日の『朝日新聞』の社説は「対コロナ　「戦争」の例えは適切か」という見出しだった。記事中にはアメリカのトランプ大統領が「戦時大統領」と名乗り、中国の習近平国家主席が「人民戦争」という表現を使い、フランスのマクロン大統領が「我々は戦争状態にある」と述べたことが記されている。二〇二一年の日本では「野戦病院」という表現も使われるようになった。

記事には「危機を強調することで自らの求心力を高め、国民の自由や権利を制約する措置にも理解を得たい。そんな思惑を抱く政治指導者もいるのだろう。歴史を振り返れば、「戦時」には情報や言論の統制がつきものだ。民主的手続きはないがしろにされ、重要な決定が独断でなされることもある」ともある。

筆者は、まず「情的」なことでいえば、人と人とが傷つけ合う戦争はどのような理由でも正当化できないと考えている。だから、まず「戦争」を比喩として使うということを避けたいと強く思っており、自身もそのようにしている。

出口に戦略はあるのか

covid-19をめぐっては、新聞でははやくから戦争の比喩が使われていた。二〇二〇年三月十一日の記事にすでに「イベント自粛や休校要請を解除する「出口戦略」では意見が割れた」という表現がみられる。奈良県では、外出自粛や休業要請の緩和の時期・基準について検討する、県医師会長や県教育長、県議会議長、県中小企業団体中央会長などで構成される「出口戦略検討会議」がつくられた。これは県の会議、すなわち公的な会議の名称ということになる。

◎首相はきのう、1日あたりの新規感染者数をクラスター対策が可能なレベルまで低減できれば、感染者の爆発的増加の可能性は相当程度、低下するとの見方を示したが、その具体的なレベルには触れなかった。見えないウイルスへの対応だけに予測しにくい面はあろうが、専門家の意見を聞きながら出口戦略を探ってほしい。（四月八日朝刊）

◎新たな感染者は減少傾向にある。だがPCR検査の実施件数は首相の説明通りには増えず、感染の全体像を把握しているわけではないことは、政府の専門家会議も認める。これでは出口戦略の描きようがなく、政府への不信を拭うこともできない。（五月五日朝刊）

◎大阪モデルは今年五月、新型コロナを受けた緊急事態宣言の延長が決まったことを受けて定めた。感染状況がどの程度落ち着けば、休業要請などを解除できるのかを事前に府民へ示す「出口戦略」として位置づけた。（十二月二日朝刊）

covid-19が短期間で収束するものではないことがわかってくると「出口」という語が使われるようになった。収束を願う多くの人の気持ちが知らず知らずのうちに「出口」という語、「イメージ」を思い浮かべ、それが共有されたのであろうか。そうだとすれば、これは無意識裡の共有ということになる。

「デグチセンリャク（出口戦略）」はよく考えると奇妙な語だ。『岩波国語辞典』第八版は「センリャク（戦略）」の語義を「戦争・闘争のはかりごと。広く、総合的な準備・計画・運用の方策。「―を立てる」「企業―」▽戦術より大局的なものを言う」と説明している。「センリャク（戦略）」は「strategy」、「センジュツ（戦術）」は「tactics」であるということはよくいわれることであるが、covid-19について求められていたのは、具体的な「tactics」ではないのだろうか。

それは措くとして、右に掲げた「出口戦略」のいうところは、〈どうやって現在の状況から抜け出ることができるかという道筋〉ぐらいのことではないか。covid-19と戦っているから、そして具体的な策が示されないから「戦略」が必要で、covid-19の感染が長期間にわたりそうだから、「出口」がみえてほしい、その二つの「気分」がこの語の使用を促したのではないだろうか。「出口戦術」ではなく「出口戦略」であることにもあるいは「戦術」と呼ぶことができるほど具体的な策は望めないという「気分」があるのだろうか。

勝ち負けで語る

二〇二〇年三月二十八日の『朝日新聞』朝刊の「耕論」欄で、武田砂鉄のことばが次のように紹介されている。

ウイルスに打ち勝つ？　意味、分かりますか。人間社会はこれまでもウイルスと共存してきたわけで、「打ち勝つ」などと改めて意気込まれても何のことやら。しかも、主語はなんと「人類」。話が大きすぎるのに具体策は薄い。ウイルス対策も東京五輪も、「気持ち」で実現させようとしている。

今ここで発言している自分はたしかに人類の一人ではある。だから、「人類」を主語にして語っていけないことはない。しかし、「人類」には自分以外の他者がそうとうたくさん含まれている。そのそうとうたくさん含まれている他者を代表して語ることはおそらくできない。語る具体的な一人の自分にとって「人類」はきわめて抽象的な存在で、とてもとらえることができない。「人類」は不特定多数の他者の極点といってもよい。そしてここにも「気持ち」がかかわっている。

◎東京都の小池百合子知事は6日、臨時の記者会見を開き、お盆の帰省を控えるよう都民に呼びかけた。「今年は特別な夏。コロナに打ち勝つことが最優先となる」として、「都外への旅行や帰省はお控えいただき、離れて暮らす家族や親族とは電話などを通じて話してほしい」と述べた。（二〇二〇年八月七日朝刊）

◎新型コロナウイルスが直撃した上場企業の2020年4〜6月期決算は、赤字が3割となり、この3カ月だけで5兆円余りの利益が吹き飛んだ。そんな中でも、着実に業績を伸ばす会社がある。全上場企業の決算、リスクなどをＡＩ(人工知能)で分析し、コロナに打ち勝つ50社を探った。（二〇二〇年八月二十八日『週刊朝日』）

一方では、「with コロナ」「ウィズコロナ」という。ちなみにいえば、「聞蔵II」で前者を検索すると九一件がヒットし、後者で検索すると一六四件ヒットする。「with コロナ」はなんだか落ち着きがよくない。こういう書き方をしなければならない理由があるのだろうかと思う。格好がいい？　やはり雰囲気？　それはそれとしておくが、二〇二〇年五月十五日の『朝日新聞』（大分1）には「解除後の生活について広瀬知事は、「ステイホームでなくウィズコロナ。感染を避けるために家にいるのではなく、制御しながら生活や経済活動を再起動していくことが大事」と語った」という記事が載せられている。

このあたりでは、すでに簡単には根絶できないことがわかっており、「共生」という語も使われていた。そういうとらえかたがあるにもかかわらず、その一方では、「何らかの気分が横溢する場面」ではコロナに「打ち勝つ」というような表現が使われる。そこに注目する必要がある。どういう場面で、どういう立場の人が、コロナに「打ち勝つ」と発言するのか。そして、同じ人が別の場面で「with コロナ」と表現することはないのか。もしもそういうことがあるのだとすると、「場面」がどう異なるのか。それは「受け手」にとっては「情報」の一つになる。

二〇二〇年十一月二十五日には経済再生担当大臣が「この三週間が勝負だ」と発言し、二十八日の『朝日新聞』朝刊には「勝負の3週間」という表現が使われている。「勝負」とは誰と誰とが何を「勝負」しているのだろうか。そういうことがはっきりしないのであれば、「掛け声」にちかくなる。

東京アラート

二〇二〇年五月十五日の『朝日新聞』夕刊に「感染拡大の「第2波」への備えとしては、指標として使った数値が1項目でも緩和の目安を超えた場合に「東京アラート」を発動し、都民に対して警戒を呼びかける。その後、新たな感染者が1週間平均で1日50人以上、感染経路不明な割合が50%になるなどすれば、外出自粛や休業を再び要請する」とある。そして六月二日にはその「東京アラート」が「発動」されることになった。

「東京アラート」の「アラート」には日本語の言い換えが最初から示されていない。ということは、この「東京アラート」という語のまま東京都民は理解せよ、ということになる。六月三日の新聞記事には「新型コロナウイルス感染拡大への警戒を呼びかける「東京アラート」を発動した」とあって、この記事からすれば、「東京アラート」は呼びかけということになる。

『広辞苑』は見出し「アラート」をごく簡単に「警告。警報」と説明している。「東京アラート」が出されるということを新聞がどのように表現しているかをみてみよう（表5）。

六月五日頃までは、「発動」「発出」という漢語が目立つ。『広辞苑』は見出し「ハツドウ（発動）」を「①うごき出すこと。活動を起こすこと。「指揮権の―」②動力を起こすこと」と説明している。②は「発動機」というような場合であろうから措くとして、①にあげられている使用例は「指揮権の発動」で、かなり重々しい。しかし、こういうことが「東京アラート発動」という表現の背後にあると推測する。「ハッシュツ（発出）」は『広辞苑』は「あらわれること。あらわすこと。おこすこと」とごくあっさりと説明しているが、「役所などから通達などを出すこと」（『新明解国語辞典』第八版）であろう。『新明解国語辞典』は使用例として「局長通達（危険情報・緊急事態宣言）を―する」をあげている。二〇一二年に出版されている第七版の使用例は「局長通達を―する」であるので、「危険情報・緊急事態宣言」が加えられたことがわかる。

14の記事の見出しは「ワンフレーズ政治　はらむリスク」で、記事中には「テレビキャスター出身で、インパクトのあるフレーズを重視する小池氏の政治手法は、コロナ禍でも繰り返された」「横文字を使って、都民に警戒を呼びかける小池氏。小池氏はこの日の会見について、

7月)

(6月12日朝刊)

14　東京都内では，新型コロナウイルスの感染者が十四，十五日と二日連続で四十人を上回った．感染拡大への警戒を呼びかける「東京アラート」を出すための三つの指標のうち二つで超えたが，都は改めてアラートを出すことなく，逆にアラートを出す指標を見直すことにした．十日間で解除されたアラートの意義を疑問視する声が庁内からも出ている．(6月16日朝刊)

15　東京都の「東京アラート」のように一般に市民に指標を示すことには意味がある．市民に明快に示せるものがあれば，県と協議したい．(6月18日朝刊(北九州1))

16　東京都は十九日，新型コロナ感染拡大への警戒を呼びかける「東京アラート」の発出状況を示す都庁舎とレインボーブリッジのライトアップを十九日で終了すると発表した．(6月20日朝刊)

17　生きてさえいれば，おいしいものも食べられる――．そんな思いを共にしつつ，夕暮れどきの街を歩いて帰る．「東京アラート」がやんだ蒸し暑い日．駅前には，汗をぬぐいながら急ぎ足で行き交うマスク姿の人波が戻り始めていた．(6月21日朝刊)

18　都は，全業種への休業要請を解除した六月十九日までは，週平均で一日あたりの感染者が二十人以上なら「東京アラート」を発し，五十人以上なら「休業を再要請する」と数値基準を示していた．休業要請の全面解除を受け，都は新たな段階へ移行したとして新指標を検討していた．(7月1日朝刊)

19　三十四人の感染者が確認された六月二日に警戒を呼びかける「東京アラート」が出た．一日二〇〇〜三〇〇人規模の感染者が出ている今，そういったメッセージは出さないのか．(7月29日朝刊)

『感染爆発』『重大局面』と四文字熟語を二つ使って、皆様にアラートを発した。都民の皆さんが猛烈なスピードで対応してくださったことが今につながっている」と振り返る」とある。「インパクトのあるフレーズ」は「キャッチーだが消費されていくコピー」と重なる。

15は北九州版に載せられた記事だ。北九州市では六月の十九日から市立

表5 「東京アラート」を記載する『朝日新聞』記事一覧(2020年5月〜

1	「東京アラート」を発出することを盛り込んだ.(5月16日朝刊)
2	「東京アラート」を発動する方針だ.(5月22日夕刊)
3	再要請の基準を超えた場合は「東京アラート」を発動.(5月23日朝刊)
4	警戒を呼びかける「東京アラート」を発動した.(6月3日朝刊)
5	感染拡大の兆しが見られるとして警戒を呼びかける「東京アラート」を二日に出した東京都では,新たに十二人が感染した.(6月4日朝刊)
6	東京では「東京アラート」が発動された.(6月5日朝刊)
7	東京都は,都内で感染拡大の兆しが見えているとして警戒を呼びかける「東京アラート」を出しているが,県が指標とする「感染経路が不明な都内の感染者数」は五月中旬以降,ステージ1に該当する「十人以下」を維持.(6月6日朝刊(茨城1))
8	都は二日に,感染拡大への警戒を呼びかける「東京アラート」を出した.(6月7日朝刊)
9	「東京アラート」が出た後も,歌舞伎町には客引きの姿が目立った.(6月9日朝刊)
10	この日は新型コロナウイルスへの警戒を呼びかける「東京アラート」を発令中でもあり,参加はしなかった.(6月10日朝刊)
11	新型コロナウイルスの感染拡大への警戒を呼びかける「東京アラート」が出されて,九日で一週間.(6月10日朝刊)
12	都は二日から感染拡大への警戒を呼びかける「東京アラート(警報)」を出していたが,十一日にも解除できるかどうか検討する.(6月11日朝刊)
13	新型コロナウイルスの感染状況が落ち着いてきたとして,東京都は十一日,感染拡大への警戒を呼びかける「東京アラート」を解除した.

学校の一斉登校と屋内公共施設が再開されることになっていた。記事では「東京アラート」をはっきりと「指標」と表現している。表現しているということはそのように概念を把握しているということだ。東京から空間的に離れることによって、(政治的なことがらも含んだ)さまざまな「東京の事情」からも離れる。それだけ「事態」を客観視することができる。この

場合の「客観視」は「事態にまきこまれずにみる」ということだ。具体的な事態は時に「熱」をもち、その「熱」が周囲に伝わる。「熱」がいつもよろしくないということではないが、「熱」によって「熱にうかされたようになる」こともある。「冷静に」はそうした「熱」から距離をとって、ということでもある。東京からいろいろな意味合いで「距離」のある北九州市の新聞に冷静な記事があることは興味深い。ここでは「聞蔵II」というデータベースを使って記事を調べているが、こうしたデータベースを使わなかったとしても、新聞記事を丁寧に追っていくことで気づくことも少なくない。言語表現が思考の「器」であるとすれば、新聞記事は、大袈裟にいえば、今日本列島上で、どのような思考が展開しているかということの一端を示しているといってよいだろう。言語表現がよろしくない、ということを縷々《るる》述べているようにみえるかもしれないが、そうではなく、言語表現を入口として、今どういう状況であるかを探ってみようということだ。

17は「社会社説担当」の肩書きを持つ記者の記名記事で、「自分ひとりの命じゃない」という見出しが付されている。記事がいわんとしていることはよくわかる。その上でいえば、その「いわんとしている」ことに合わせて「「東京アラート」がやんだ」と表現したのだろう。そして「駅前には」から始まる最後の一文は、「情」に傾く。「ユウグレドキ」を「夕暮れ時」ではなく「夕暮れどき」と文字化していることもそういうこととかかわっているのではないか、と感じる。繰り返しになるが、「いいかわるいか」ではなく、「情」に傾いた時にどういう言語表現が採られるか、そうではない場合にはどういう言語表現が採られるか、ということだ。「発動・発出・発令」と(否定表現であるが)「やんだ」とは対照的にみえる。そしてその中間に「出す」がある。

「東京アラート」を出す人物が「発動・発出・発令」という表現を使うのは、当事者であることからすれば、自然なことととらえることもできる。新聞はそれを「熱」を少し冷まして、冷静に「出す」と表現してほしい。当事者が「発動」と表現していることを新聞報道として受けとめ、アウトプットする時には、ほどよい言語表現を選んで報じてほしい。そういうことも重要であろう。

18の記事には六月三十日に都が、新たな七つの指標を公表したことが報じられている。この「新たな七つの指標」にはなぜか、名前が付けられていなかった。結局六月二日から十一日までの十日間が「東京アラート」が制度として存在していた期間ということになる。

「東京アラート」が出ていることを示すために、都庁とレインボーブリッジが赤くなっていた。言語表現とは直接かかわらないが、「計画停電」をしたことがあるのに、と思う。二〇一一年三月十四日の『朝日新聞』朝刊には「東京電力は十三日、東日本大震災の影響で電力の供給力が大幅に落ち込んだため、十四日午前六時二十分から「計画停電」(輪番停電)を始めると発表した。四月末まで続ける見通し」とある。ちょうどこの時に、博士論文を執筆している大学院生を指導していたから、よく覚えている。筆者の住んでいる地域はこの時間帯には計画停電になりそうだから、それまでに質問をしておいてとか、下書きを送るならそれまでに、というようなやりとりを毎日していた。

勤務先の大学に行くのに、筆者は品川から歩く時と五反田から歩く時がある。品川から歩く時は、品川プリンスホテルの脇の坂道を歩くが、その坂道のライトアップがその年はなかった。しかし次の年はいつものようにライトアップされていた。言語表現とはかかわらないともいえるが、「言語を丁寧に使う」ということと「丁寧に行動する」ということはまったく無関係ともいえない。「丁寧に」は「よく考えて」ということであり、「書きことば」に関していえば、話すそばから消えていくのではないのだから、「書き手」の立場では「残る」ということを意識して、「読み手」の立場では「記憶する(忘れない)」ということでもある。

19の七月二十九日の記事では「出た」というごく一般的な動詞が使われている。二〇二〇年十二月十一日時点の「聞蔵Ⅱ」の検索では、十一月二十六日の記事が「東京アラート」が使われた最後の記事となっている。

「情」に傾き、「発熱」している場面で使われる重々しい語感をもつ漢語、あるいは古語には気をつけたい。言語表現は「器」なのだから、軽すぎてもだめ、重すぎてもだめで、「内容となっている情報」にふさわしいこと、すなわち「適度」であることが大事だ。その「適度」を全体的に見極めることが重要になるし、それができるようになるためには、つねに「適度」を意識している必要がある。

通常は「①神仏などのあまくだること。「天孫―」②貴人の来訪すること。光臨。光来」（『広辞苑』）という語義で使う「コウリン（降臨）」という漢語がある。二〇二〇年十二月五日の『朝日新聞』には「イチローコーチ　智弁和歌山に降臨」という見出しの記事がある。イチローがすばらしいことはわかっていても「降臨」はどうなんだろうと思う。あるいは、二〇二〇年十月二十五日の『朝日新聞』朝刊（熊本1）には、「大観峰に「ＤＪポリス」降臨」という見出しがある。

二　「私」を超えたコミュニケーションのために

あふれる「同調圧力」

「同調圧力」という表現がいつからか定着した。「聞蔵Ⅱ」で検索してみると、四四七件がヒットするが、一九九一年七月二日の『朝日新聞』朝刊に「米政府、日銀の公定歩合引き下げ歓迎　独などへ同調圧力も」という見出しの記事がもっとも古い。記事には「ドイツなどに同調を求める圧力を再び強めることが予想される」とあって、記事においては一語化したかたちでは使われていない。

この記事に続いてヒットしたのは、「恥ずかしい国日本　虚構の歴史にすがる」(一九九七年三月二十七日夕刊)という見出しの宮台真司の記事で、それに続いては、一九九七年四月一日の夕刊の「同調圧力　援助交際、いじめと似た構図」という見出しの記事、「キレる文学　若手作家らが描く突発性暴力の魅力」(一九九八年四月六日発売『アエラ』)の記事中で「目立ってハブられる(仲間外れにされる)ことに対する恐れ、という絶望的な同調圧力の中で、「突発性暴力」とどう向き合えばいいのか」というかたちで使われている。

記事中には「今年一月に、栃木県黒磯市で中学生が女性教諭をナイフで刺殺してからは、突発性暴力は、「キレる」という言葉で表現されるようになった」とある。それに続いて、一九九八年十月二十四日の「コンビニ」というタイトルの「天声人語」中で「孤独を邪魔されずに、孤独がいやされる二律背反的な空間。その微妙な距離感が、社会の同調圧力に疲れた多くの人を引き寄せる」と使用されている。

右の検索結果からは、「同調圧力」という語が一九九七年頃には定着していることが窺われる。「同調圧力」をいう語が使われている記事を抽出し、それがいつ頃のどのような記事であるかをみると、「キレル」「ハブル（ハブラレル）」などの語が同じ記事で使われていることがわかり、そこになんらかの「流れ」や「動き」が感じられもする。言語がある現象をとらえ、現象がそれをあらわす語をうみだしていくことがよくわかる。

「同調圧力」が論理的なプロセスを破壊して「賛成か反対か」を一気に迫るのだとすれば、「反証可能性」を確保するということが重要になってくる。少なくともどのような「みかた」にも「反証」はあり得ると知っておくことは大事だろう。それは「科学的であること」を大事にすることでもある。

「科学的である」ためには「証拠」が大事であるが、いつしか「エビデンス」という語が使われるようになった。「証拠」を「エビデンス」と言い換えることによって、「証拠」という語がもっていた「証拠感」は薄れ、「証拠」という概念さえも曖昧になってはいないか。「証拠」があるかないかを話題にする場合には、まず「証拠」の候補となるデータを広く集めておく必要がある。そのデータ集めをしていないので、「証拠」の候補もないことと、データ集めはしてあるが、そのデータの中に「証拠」となるようなデータは見つからなかったということとはまったく異なる。前者も後者も「証拠はない」と表現できなくはないが、意味するところはまったく違う。

私のありかた

このような日本語をめぐる「なし崩し」の状況に大きな影響を与えていると感じるのは、「私(のありかた)」ということだ。第二章ではさまざまな観点から述べたが、一貫しているのは、現代社会における「私のありかた」が深くかかわっているということだろう。「ありのままの私」を認めてほしい。しかし具体的にはあまり干渉しないでほしい、認めてほしいという方向は、「ポライトネス理論」の「ポジティブ・フェイス」であるが、干渉しないでほしいのは「ネガティブ・フェイス」である。ある時ある場合には「ポジティブ・フェイス」で、ある時ある場合には「ネガティブ・フェイス」というのはもちろんあるので、そのこと自体は驚くことではないが、それは「陽キャ／陰キャ」という二項対立的なありかたではない。

多くの人に認められていることを実感したい、しかし具体的には干渉されたくないというところに「匿名」でのＳＮＳ投稿がある。この場合の「多くの人」はもちろん「受信者」であるので「不特定多数の受信者」ということになる。「不特定多数」だから顔はみえていない。つまり具体的な存在ではない。「ありのままの私をあなたたちに認めてほしい」と言った時の「あなたたち」が具体的でないとすると、残るのは「ありのままの私を認めてほしい」という承認欲求だけで、結局は「私」の側が重要であることになる。「受け手」の反応「うけるか／うけないか」は非常に気になるが、顔はみない。

「情報」を報道するというマスメディアにおいては「おもしろさ」を追求し、高い視聴率を得ることが重視される。視聴率は率であるので、具体的な視聴者ではなく、数というかたちで抽象化された視聴者ということになる。数というかたちで抽象化された視聴者には顔もなければ、気持ちもない。報道する「私」はいつかそこで自身の気持ちを語るようになる。事態にまきこまれずに遠くから静かに眺めるということがなくなった。「私」の気持ちと熱が言語空間に満ちているように感じることがある。

「身体を備えた具体的な私」の向こうにまずは「身体を備えた具体的な他者」を置くことが、「双方向的」の始まりだ。「身体を備えた具体的な他者」は呼吸をして生きている他者である。「専門性」ということでいえば、さまざまな分野の専門家が専門家として、嘘を交えない「もっともハードな書きことば」あるいは「セミハードな書きことば」を誠実に発信するということも大事だろう。多くの人の日常的な言語生活にかかわることとしていえば、「セミハードな書きことば」をきちんと操ることは今後重要になってくる。

オープンスペースで話し合う

二〇二〇年十二月二十二日の『朝日新聞』には「コロナ後の大学　変える変わる」という記事が載せられていた。法政大学総長(当時)の田中優子は、オンライン授業では「コミュニケーション濃度を上げた授業」が学生に「肯定的に評価されています」と述べている。そして、大学の教育に「必要なのが(引用者補：教員と学生)相互のコミュニケーションならば、多くの学生が一斉に授業を受けることを前提に教具を固定した大教室でよかったのか。可動式の教具や、オープンスペースが必要になってきます」と述べる。対面かオンラインかという硬直化した二項対立的な考え方ではなく、大学の授業に何が必要でどうあるべきか、という問いから教員と学生の双方向的な「コミュニケーション」と「オープンスペース」が重要なのではないかと思い至ったということであろう。それは、大きな教室に何百人という学生を集め、双方向的な「コミュニケーション」がないままに展開する大学の授業を「対面」で行なうことがよいのか、という問いでもある。

鈴木哲也『学術書を読む』(二〇二〇年、京都大学学術出版会)においては、ヴェルナー・ハイゼンベルクの自伝『部分と全体――私の生涯の偉大な出会いと対話』(一九九九年、みすず書房)が採りあげられている。『部分と全体』には、ハイゼンベルクが「ヴァンダールング(ワンデルング)」と呼ばれる長距離ハイキングをしながら文化や科学、芸術などあらゆる分野について仲間と議論する様子が記されている。まさに「オープンスペース」における議論といってよい。

筆者も、大学の奥庭と呼ばれる場所で、ゼミを行なったことがあるが、楓《ふう》の大木から葉が落ちてきたり、蚊がいたりで、学生が落ち着かず、やはり歩きながらがいいことがわかった。それはそれとして、教室という閉鎖された空間にずらりと並んで座って、静かに教員の話を聞くのがわるいということはないであろうが、精神の自由さや楽しさ、そして会話、対話は、自由な発想や思考につながることが少なくないはずだ。

教室を離れる、という意味合いでは、オンライン授業も教室を離れた授業という面をもつ。

対人的な圧迫感のない自宅などの「オープンスペース」で落ち着いてオンデマンド型の授業を受けることには意味があった。教室では実現しにくい、一人で静かに繰り返し考えるということがオンデマンド型の授業では可能になった。コロナ禍のもたらした変化が、「同調圧力」が定着した社会にもたらすものに期待したい。

三　日本語が「壊れる」前に

「話しことば」「書きことば」という二つの言語態に、あらたに「打ちことば」が加わり、現在は「書きことば」が「打ちことば」に引っ張られながら「話しことば」化していると述べた（第二章）。繰り返しになるが、新聞などで使われていた標準的な「書きことば」も「話しことば」化し、その結果、日常的な言語生活で標準的な「書きことば」に接する機会がなくなってきた。

本書において、「話しことば」と「書きことば」の違いが「情報」を構造的に蓄蔵できるかどうかにある、ということを繰り返し述べてきた。構造的に蓄蔵するためには、「圧縮」する技術が必要になる。新聞の見出しはその「圧縮」の、もっとも身近な例であったが、新聞の見出しも急速に変化しているように感じる。「話しことば」は言語の線状性から離れにくい。前の情報に戻ったり、繰り返し情報を確かめたりしにくい。話すそばから消えて行く「話しことば」は今耳にしている情報を理解することでせいいっぱいになる。「今、ここ」に縛られているといってもよい。

「こうですね」「はいそうですね」「こうですね」「はいそうですね」となりやすい。情報同士がどのようにつながっているか、ということも確認しにくい。目の前に出された料理を、ゆっくり味わうひまもなく次々と口にするような感じかもしれない。ゆっくり味わうは、どんな素材で、どんな調理がされているかを確認するということでもあるので、それを確認しないとなると、怪しい素材や変な調理を見逃すことになる。そういうところに「オルタナティヴ・ファクト」が滑り込んでくる。

ほどよい「圧縮」に接して、それを「解凍」するということも技術の一つであるが、ほどよい「圧縮」が日常的な言語生活から消えてしまうと、「解凍」を練習する「場」がなくなる。そして次第に「解凍」技術が低下してくる。「詩的言語」を読むことによって、「解凍」技術を修得することができるのではないかということについては、第四章の終わりで述べた。

「話しことば」は変化しやすい。「書きことば」は保守的だといわれるが、時空を超えて情報を蓄蔵するという「書きことば」の「使命」からすれば、それは当然なことといえよう。その保守的な「書きことば」が「話しことば」と「回路」でつながっていることによって、「話しことば」の急激な変化に少しブレーキをかける、ということがあるだろう。それも「書きことば」の「使命」といってもよい。しかし標準的な「書きことば」が「話しことば」に接近して「話しことば」化すると、二つの言語態の違いがはっきりしなくなり、ブレーキがかかりにくくなるということがあるのではないか。それは違いを前提にしていた「回路」が「回路」として機能しなくなるということでもある。

日常的な言語生活にある言語は「話しことば」「話しことば化した書きことば」「打ちことば」ということになり、いずれにしても、「話しことば」にちかい言語のみで日々の言語生活が展開していくことになる。それが現時点における筆者の見立てだ。

そうだとすると、標準的な「書きことば」をとりもどす、安定させる、ということが重要になるだろう。日常的な言語生活において標準的な「書きことば」が失われつつあったとしても、書物というかたちでそれは膨大に蓄積されている。壊れた日本語を修復する一つの方法が「書物を読む」という、第四章で述べたことだとすると、「なんだそんなことか」となりそうだ。

もっとも「ハードな書きことば」にふれるはずの大学生が本を読まない、といわれるようになって久しい。学術書や論文などで使われるもっとも「ハードな書きことば」は現在も存在しているが、それもおそらく変化してきている。もともとそうした「ハードな書きことば」は日常的な言語生活でふれるようなものではなかった。それに準じるものとして、「教養を語る書きことば」すなわち、「セミハードな書きことば」があり、新書や選書といった書物によって、それに接することができた。「教養」は「内容」によって語られることが多いが、「内容」を盛る「器」は「内容」と表裏一体のものであり、「教養」という概念が変わることによって、「器」すなわち「教養を語る書きことば」も変質した。その結果として「セミハードな書きことば」も日常的な言語生活から姿を消した。

「セミハードな書きことば」によって書かれている書物が減少し、「セミハードな書きことば」に接する機会が減ったことが、さらに「セミハードな書きことば」によって書かれている書物が読まれなくなるという「悪循環」を引き起こしているということはないのだろうか。かつて「教養」をになっていた新書や選書がおもしろさを追求した結果、出版社が市場を自身によって狭くしているということはないか。

かつては、朝の電車の中で新聞を読んだり、本を読んだりしている人が多かった。ある時期からマンガを読む人が目立つようになり、それが話題になった。そのうちにマンガを読む人もいなくなり、最近ではほとんどの人がスマートフォンを操作している。

隣の人は何をしているかなと思うと、ゲームであったり、商品を見ていたり、LINEを見ていたりとさまざまだ。マンガや本をスマートフォンで読んでいる人もいる。この場合は、読むための媒体が変わったということになる。いずれにしても、書物の「書きことば」にふれる時間は減っているだろう。いろいろな情報が書物という形態で蓄積され、現在に伝えられてきている。ギリシャの哲学者の思索も、中国の思想も、文字化され、書物という形態に収められることによって、時空を超えて現在に伝えられてきている。まさに「書きことば」の使命だ。書物にふれない、ということはそういう情報にふれないということでもある。

いや、そういう情報はインターネットでふれることができるという反論があるだろう。たしかに、かつては、所蔵されている図書館に行かなければふれることができなかった貴重な書物の画像が公開されている。いろいろな書物にインターネットでふれることができる。そういう意味合いでは、確かに、かつてよりも「情報」にはふれやすくなっている。

しかし、そういうさまざまな「情報」が検索キーに検索ワードを入れてエンターキーをぽんと押すと出てくる。そこには「情報」にたどりつくまでのプロセスがない。そしてまた検索結果は「ヒットするかしないか」だ。「情報」にたどりつくまでの「プロセス」もたどりつきたい「情報」の一部といってもよい。最後はたどりつくことができなかったが、ここまではいかせるということはある。山の頂上にはたどりつけなかったが、ここまでのルートはしっかりしていて、次もまた使える、他の人もこのルートを使えばここまでは確実に来ることができる、ということであれば、頂上へのアタックだけをやりなおせばよい。

一方、インターネットでの検索は頂上か、麓か、ということになりやすい。「プロセス」根性論を唱えているのではなく、貴重な「情報」を手に入れるためには、それにふさわしい方法や「プロセス」があって、それも貴重な「情報」の一部だろうということだ。「プロセス」を意識するということは、時間を意識することであり、それは過去への目配り、「歴史」への感覚ともつながる。情報が蓄積されている書物は「歴史」ともふかくかかわっている。

インターネットの情報はいろいろなものが混在しているから真贋を見分けなければならない、ということはよく言われている。それもそうであるが、統括者が存在しないということはさらに気になる。統括者は情報の内容に責任をもつ人でもあろうが、統括者が情報にまとまりを与えるということは重要だろう。「まとまり」は脈絡といってもよい。

言語に関していえば、「文」があるまとまりをもって集まったものが「文章」である。「文」がただ複数集まったものが「文章」ではない。情報にとって「まとまり」は大事で、統括者が存在していれば、情報の粒が揃う。この場合の「粒」を「具体／抽象」でとらえてもよい。具体的な情報と抽象的な情報とが混在しているとわかりにくい。こう考えてくると、第四章で採りあげた「古典を読む」というようなことは、標準的な「書きことば」の復権のためには有効な方法の一つといってよいだろう。

＊　＊　＊

さて、本書で述べてきたことが「進行」して、日本語が壊れてきたら、あるいは壊れてしまったら自分はどうするのだろうか。そう思った時に、案外と鮮明にその答えは浮かんだ。壊れかかっていても、壊れてしまっても、そこが傷んできたか、そうなってしまったか、とあいかわらず、日本語を観察している自分がいた。そして案外楽しそうでもあった。二〇一六年に十四歳のために書いた本に添えたメッセージに「毎日使うものだから、ずっと使うものだから、いつも身近なものだから、大切に、丁寧に使いたい日本語」と書いた。そういう気持ちはずっと変わらないのだろう。しかし、願わくは、あまり壊れないでいてほしいとも思う。

二〇二〇年三月十三日に、新型コロナウイルス対策のために「新型インフルエンザ等対策特別措置法」の一部改正法が公布された。改正された法律には新型コロナウイルス感染症に関する特例が設けられ、第四章「新型インフルエンザ等緊急事態措置」の規定に基づいて「緊急事態宣言」がだされる。

四度目の緊急事態宣言が出された翌日、二〇二一年七月十三日の『朝日新聞』の第一面には「背水「4度目」効果は」という大きな文字の見出しが載せられていた。記事には「東京都で12日、4度目の新型コロナ対応の緊急事態宣言が始まった。23日に開幕する東京五輪や、地方との行き来が盛んになる夏休みやお盆を控え、感染状況をどれだけ改善させられるかが焦点だ。だが、国民の「宣言疲れ」は深まり、政府のコロナ対応に批判も上がる。宣言の実効性が十分上がるかどうか、政府などから不安視する声も出る」とある。

見出しの「背水」は「背水の陣」ということであろうが、記事のどこにも「背水の陣」という表現はみられない。記事にない表現を見出しにしてはいけないということはないし、記事にないからこそ使うということもあるだろう。「背水の陣」は通常、〈失敗すれば再起はできないことを覚悟して全力を尽くして事に当たる〉というような意味だと理解されているだろう。だから、見出しの「背水（の陣）」は、これで緊急事態宣言が最後になるように全力で事に当たるという意味合いでの見出しであろう。それはもちろんわかる。しかし、わざと川を背にする、つまり、「失敗したら再起はできない」は〈大袈裟とはいわないにしても〉緊急事態宣言をだすということと何かそぐわないように感じないだろうか。これを「雰囲気」というのは言い過ぎかもしれない。しかしそういう過剰な熱を感じる。

「緊急事態宣言が始まった」はさらに目をひいた。緊急事態宣言は始まるものではないでしょう、というといかにも「揚げ足取り」っぽい。丁寧に言語化するならば、「四度目の、緊急事態宣言下の日常生活が始まった」ぐらいだろう。記事中には「宣言疲れ」という表現もみられる。これはもちろん「緊急事態宣言疲れ」ということで、丁寧に言語化するならば、「緊急事態宣言下での、制限がかけられた日常生活に疲れた」ということだろう。「テレワーク疲れ」であれば、〈テレワークが続くことに疲れる〉ことであるし、「自粛疲れ」であれば、〈自粛的な生活を続けることに疲れる〉ことだから、「〈緊急事態〉宣言疲れ」もそういうことだ。ただ、「歩き疲れ」は歩いている人が疲れている人で、これは「テレワーク疲れ」も「自粛疲れ」も同じだ。「宣言疲れ」は緊急事態宣言を出している人が疲れているのではなくて、出されている人が疲れているというところが異なる。こういうことが気になってしまう。

「緊急事態宣言」という日常生活に密着した語が長く使われているうちに、「緊急事態宣言」という語は〈その語義を超えて〉「始まる」という動詞につながるような使い方をされるようになるし、それによって出されている側が「疲れる」ような語にもなる。まさに「うつりゆく日本語」といってよい。

勤務先の大学で、ずっと「日本語学概論」という科目を担当している。「日本語学がどのような学であるかを概説する」科目であるが、今年度は非対面(オンデマンド方式)で開講している。これは昨年度の経験をふまえて、その形式でも十分科目の目的がはたせると筆者及び大学が判断したからだ。これまでは、「日本語学がどのような学であるか」を伝えることをかなり重視してきた。昨年度ははからずも非対面になり、そのかたちで授業を展開していく間にいろいろなことを考えた。その結果、まずは身のまわりに今どのような日本語があるのか、ということを学生に実感してもらうこと、観察してもらうことが大事だと思うに至った。言語学(日本語学)とはほんらい、人間が使う言語について考える学であったはずだ。そこから「人間が使う」を切り離すことによって、言語学が科学になったというみかたもある。しかし、人間が言語によって思考しているであろうことを思えば、その、頼りにしている言語(日本語)が今どんな状態にあるかを観察し、実感することは、自身の思考のふりかえりにもつながるようなことだと思う。

日本語がうつりゆき、過去の日本語とは異なってきていることを歎くのではなく、まずはそうなっているのだなと観察する。そしてその日本語が思考のための器であることを思う時に、「どうすればよいか」ということについては一人一人が考えていくしかないだろう。

あとがき

何かを文章としてまとめるにあたっては、タイトルを先に決めることが多い。その決めたタイトルにすべてが収斂していくように文章を書きたいと思う。本書はそういう意味合いではやや例外的であった。

当初は「日本語の劣化」とか「日本語は壊れてしまったのか？」とか、そういうタイトルを想定していた。しかし原稿が完成して、編集を担当してくださっている飯田建さんといろいろと話しているうちに、「壊れる」という表現でいいのだろうかということになった。本書中でもふれているように、本書は日本語を観察しているが、言語によって思考しているのであれば、「日本語の劣化」は思考の劣化ということになる。だから事態は重大ではある。しかしまた「劣化」というのであれば、「劣化していない状態」があって「劣化」ということになる。それを具体的に述べるのは案外難しい。そういうことなどを考えながら、本書にふさわしいタイトルを考えることになった。

言語は時間の経過とともに変化する。それは言語にとっては宿命のようなものだから避けられない。これが言語観察の起点にある。終章でふれた、筆者の「日本語学概論」では、このことと、言語学(日本語学)は「言語について言語で説明する」ところが難しいということを必ず伝えるようにしている。必ず変化していくのだから、変化を歎いてもしかたがない。

エウジェニオ・コセリウという言語学者に *SINCHRONÍA DIACRONÍA E HISTORIA* という著作がある。二〇一四年には田中克彦の訳で『言語変化という問題――共時態、通時態、歴史』というタイトルで岩波文庫として出版されている。この本には、「その前」があり、一九八一年に、「田中克彦・かめいたかし共訳」で『うつりゆくこそ ことばなれ』(クロノス)として出版されている。タイトルを含めて、いろいろなことについては岩波文庫の「解説2」「この訳書のなりたちについて」に記されている。筆者は、二〇〇一年一月にこの本を読み始め、いきつもどりつしながらゆっくり読み進めて二〇〇八年四月に読み終わっている。内容がよく理解できているかどうかはおぼつかないけれども、平仮名ばかりで文字化され、係り結びも含んでいるタイトルは記憶に刻みこまれた。今回の「うつりゆく日本語」が思い浮かんだのは、『うつりゆくこそ ことばなれ』を読んでいたからだ。人間が使う言語だから言語も人間くさくなる。それでいいじゃないか、と思いたい。言語を観察することによって、その言語を共有している人々の文化、思考を知る。それは「人文知」といってよい。「うつりゆく日本語」を楽しむことも大事だろう。

一九九九年に公開された『エントラップメント(Entrapment)』というアメリカ映画がある。ショーン・コネリーが扮する美術専門の泥棒マックと、マックを罠にかけようとする保険会社調査員ジン(キャサリン・ゼタ=ジョーンズ)の話だ。ジンが、侵入不可能といわれている銀行から金を奪うという計画をマックに持ちかけた時に、マックは最初「No way」(日本語字幕は「不可能だ」)と言うが、ジンの説明を聞いてから、今度は「不可能だ。だができる」と言う。この英語がどうしても聞き取れなかった。

ちょうど、ワシントン大学を訪れた時にお世話になったクリス(Christopher Lowy)氏と、ミシガン大学大学院図書館の日本研究司書である横田カーター啓子さんとメールをかわしていたので、お二人にほぼ同時にたずねてみた。しばらくして、お二人からやはりほぼ同時にメールが届いたが、「doable」(可能である・実行可能)と言っているとのことだった。

「不可能だ。だができる」は、なんとなく記憶に残ることばだった。過去の日本語が変化して現在のような日本語になった。そして現在のような日本語もさらにうつりゆく。だから、以前の日本語にもどることはできない、それは「不可能」だ。しかし、その、日々うつりゆく日本語を使っていくことはできるし、現に使っている。やれる、やれる、そう思いながら、次の日をむかえればいい、と思いたい。

二〇二一年十月八日　暑さの残る寒露の日に

今野真二

今野真二

1958年神奈川県生まれ
1986年早稲田大学大学院博士課程後期退学
高知大学助教授を経て
現在―清泉女子大学教授
専攻―日本語学
著書―『仮名表記論攷』(清文堂出版，第30回金田一京助博士記念賞受賞)，『漢語辞書論攷』(港の人)，『百年前の日本語』(岩波新書)，『『言海』と明治の日本語』(港の人)，『日本語の考古学』(岩波新書)，『辞書からみた日本語の歴史』(ちくまプリマー新書)，『辞書をよむ』(平凡社新書)，『超明解！ 国語辞典』(文春新書)，『漢和辞典の謎』(光文社新書)，『北原白秋 言葉の魔術師』(岩波新書)，『『日本国語大辞典』をよむ』(三省堂)，『言海の研究』(小野春菜との共著，武蔵野書院)，『日日是日本語』(岩波書店)，『『広辞苑』をよむ』(岩波新書)，『日本語の教養100』(河出新書)，『テキストの変容』(武蔵野書院) ほか

うつりゆく日本語をよむ
―ことばが壊れる前に　　岩波新書(新赤版)1907

2021年12月17日　第1刷発行

著　者　今野真二《こんのしんじ》

発行者　坂本政謙

発行所　株式会社 岩波書店
〒101-8002 東京都千代田区一ツ橋2-5-5
案内 03-5210-4000　営業部 03-5210-4111
https://www.iwanami.co.jp/

新書編集部 03-5210-4054
https://www.iwanami.co.jp/sin/

印刷・三陽社　カバー・半七印刷　製本・中永製本

ISBN 978-4-00-431907-8　　Printed in Japan

岩波新書新赤版一〇〇〇点に際して

ひとつの時代が終わったと言われて久しい。だが、その先にいかなる時代を展望するのか、私たちはその輪郭すら描きえていない。二〇世紀から持ち越した課題の多くは、未だ解決の緒を見つけることのできないままであり、二一世紀が新たに招きよせた問題も少なくない。グローバル資本主義の浸透、憎悪の連鎖、暴力の応酬――世界は混沌として深い不安の只中にある。

現代社会においては変化が常態となり、速さと新しさに絶対的な価値が与えられた。消費社会の深化と情報技術の革命は、種々の境界を無くし、人々の生活やコミュニケーションの様式を根底から変容させてきた。ライフスタイルは多様化し、一面では個人の生き方をそれぞれが選びとる時代が始まっている。同時に、新たな格差が生まれ、様々な次元での亀裂や分断が深まっている。社会や歴史に対する意識が揺らぎ、普遍的な理念に対する根本的な懐疑や、現実を変えることへの無力感がひそかに根を張りつつある。そして生きることに誰もが困難を覚える時代が到来している。

しかし、日常生活のそれぞれの場で、自由と民主主義を獲得し実践することを通じて、私たち自身がそうした閉塞を乗り超え、希望の時代の幕開けを告げてゆくことは不可能ではあるまい。そのために、いま求められていること――それは、個と個の間で開かれた対話を積み重ねながら、人間らしく生きることの条件について一人ひとりが粘り強く思考することではないか。その営みの糧となるものが、教養に外ならないと私たちは考える。歴史とは何か、よく生きるとはいかなることか、世界そして人間はどこへ向かうべきなのか――こうした根源的な問いとの格闘が、文化と知の厚みを作り出し、個人と社会を支える基盤としての教養となった。まさにそのような教養への道案内こそ、岩波新書が創刊以来、追求してきたことである。

岩波新書は、日中戦争下の一九三八年一一月に赤版として創刊された。創刊の辞は、道義の精神に則らない日本の行動を憂慮し、批判的精神と良心的行動の欠如を戒めつつ、現代人の現代的教養を刊行の目的とする、と謳っている。以後、青版、黄版、新赤版と装いを改めながら、合計二五〇〇点余りを世に問うてきた。そして、いままた新赤版が一〇〇〇点を迎えたのを機に、人間の理性と良心への信頼を再確認し、それに裏打ちされた文化を培っていく決意を込めて、新しい装丁のもとに再出発したいと思う。一冊一冊から吹き出す新風が一人でも多くの読者の許に届くこと、そして希望ある時代への想像力を豊かにかき立てることを切に願う。

（二〇〇六年四月）

社会

- ジョブ型雇用社会とは何か　濱口桂一郎
- 法医学者の使命 「人の死を生かす」ために　吉田謙一
- 異文化コミュニケーション学　鳥飼玖美子
- モダン語の世界へ　山室信一
- 時代を撃つ ノンフィクション100　佐高信
- 労働組合とは何か　木下武男
- プライバシーという権利　宮下紘
- 地域衰退　宮﨑雅人
- 江戸問答　田中優子・松岡正剛
- 広島平和記念資料館は問いかける　志賀賢治
- コロナ後の世界を生きる　村上陽一郎編
- リスクの正体　神里達博
- 紫外線の社会史　金凡性
- 「勤労青年」の教養文化史　福間良明

- 5G 次世代移動通信規格の可能性　森川博之
- 客室乗務員の誕生　山口誠
- 「孤独な育児」のない社会へ　榊原智子
- 放送の自由　川端和治
- 社会保障再考 〈地域〉で支える　菊池馨実
- 生きのびるマンション　山岡淳一郎
- 虐待死 なぜ起きるのか、どう防ぐか　川﨑二三彦
- 平成時代　吉見俊哉
- バブル経済事件の深層　奥山俊宏・村山治
- 日本をどのような国にするか　丹羽宇一郎
- なぜ働き続けられない？ 社会と自分の力学　鹿嶋敬
- 物流危機は終わらない　首藤若菜
- 認知症フレンドリー社会　徳田雄人
- アナキズム 一丸となってバラバラに生きろ　栗原康
- まちづくり都市 金沢　山出保
- 総介護社会　小竹雅子
- 賢い患者　山口育子

- 住まいで「老活」　安楽玲子
- 現代社会はどこに向かうか　見田宗介
- EVと自動運転 クルマをどう変えるか　鶴原吉郎
- ルポ 保育格差　小林美希
- 棋士とAI　王銘琬
- 科学者と軍事研究　池内了
- 原子力規制委員会　新藤宗幸
- 東電原発裁判　添田孝史
- 日本問答　田中優子・松岡正剛
- 日本の無戸籍者　井戸まさえ
- 〈ひとり死〉時代のお葬式とお墓　小谷みどり
- 町を住みこなす　大月敏雄
- 歩く、見る、聞く 人びとの自然再生　宮内泰介
- 対話する社会へ　暉峻淑子
- 悩みいろいろ　金子勝
- 魚と日本人 食と職の経済学　濱田武士
- ルポ 貧困女子　飯島裕子

岩波新書より

鳥獣害 動物たちと、どう向きあうか	祖田修
科学者と戦争	池内了
新しい幸福論	橘木俊詔
ブラックバイト 学生が危ない	今野晴貴
原発プロパガンダ	本間龍
ルポ 母子避難	吉田千亜
日本にとって沖縄とは何か	新崎盛暉
日本病 長期衰退のダイナミクス	金子勝 児玉龍彦
雇用身分社会	森岡孝二
生命保険とのつき合い方	出口治明
ルポ にっぽんのごみ	杉本裕明
鈴木さんにも分かる ネットの未来	川上量生
地域に希望あり	大江正章
世論調査とは何だろうか	岩本裕
フォト・ストーリー 沖縄の70年	石川文洋
ルポ 保育崩壊	小林美希
多数決を疑う 社会的選択理論とは何か	坂井豊貴
アホウドリを追った日本人	平岡昭利
朝鮮と日本に生きる	金時鐘
被災弱者	岡田広行
農山村は消滅しない	小田切徳美
復興〈災害〉	塩崎賢明
「働くこと」を問い直す	山崎憲
原発と大津波 警告を葬った人々	添田孝史
縮小都市の挑戦	矢作弘
福島原発事故 被災者支援政策の欺瞞	日野行介
日本の年金	駒村康平
食と農でつなぐ 福島から	塩谷弘康 岩崎由美子
過労自殺〔第二版〕	川人博
金沢を歩く	山出保
ドキュメント 豪雨災害	稲泉連
ひとり親家庭	赤石千衣子
女のからだ フェミニズム以後	荻野美穂
〈老いがい〉の時代	天野正子
子どもの貧困 II	阿部彩
性と法律	角田由紀子
ヘイト・スピーチとは何か	師岡康子
生活保護から考える◆	稲葉剛
かつお節と日本人	宮内泰介 藤林泰
家事労働ハラスメント	竹信三恵子
福島原発事故 県民健康管理調査の闇	日野行介
電気料金はなぜ上がるのか	朝日新聞経済部
おとなが育つ条件	柏木惠子
在日外国人〔第三版〕	田中宏
まち再生の術語集	延藤安弘
震災日録 記憶を記録する	森まゆみ
原発をつくらせない人びと	山秋真
社会人の生き方	暉峻淑子
構造災 科学技術社会に潜む危機	松本三和夫
家族という意志	芹沢俊介
ルポ 良心と義務	田中伸尚
飯舘村は負けない	千葉悦子 松野光伸
夢よりも深い覚醒へ	大澤真幸

岩波新書/最新刊から

1896 スペイン史10講　立石博高 著

ヨーロッパとアフリカ、地中海と大西洋――四つの世界が出会う場として、個性あふれる歩みを刻してきたスペインの通史。

1897 知的文章術入門　黒木登志夫 著

論文執筆の指導・審査歴50年の著者がデジタル社会ならではの知的文章術、プレゼン術を指南。日本語事例は痛快、英語文例は実践的。

1898 〈弱さ〉を〈強み〉に　―突然複数の障がいをもった僕ができること―　天畠大輔 著

四肢マヒ、視覚・嚥下障がい、発話困難……。独自のコミュニケーション法を創り、二四時間介助、博士号取得、会社設立を実現。

1899 最澄と徳一　―仏教史上最大の対決　師茂樹 著

相容れない二人が交わした厖大な対話。彼らは何をどのように語り合ったか。真理を求める論争から描く、仏教史の新たな見取り図。

1900 新型コロナと向き合う　―「かかりつけ医」からの提言―　横倉義武 著

日医会長として初動の緊迫した半年間に新型コロナ感染症対応にあたった経験と、その後の知見を踏まえた、医療現場からの提言。

1901 ロボットと人間　人とは何か　石黒浩 著

ロボット研究とは、人間を深く知ることである。人間にとって自律、心、存在、対話とは何か。ロボットと人間の未来にも言及。

1902 視覚化する味覚　―食を彩る資本主義―　久野愛 著

資本主義経済の発展とともに食べ物の色の持つ意味や価値がどのように変化してきたのかを、感覚史研究の実践によりひもとく。

1903 江戸の学びと思想家たち　辻本雅史 著

〈知〉を文字によって学び伝えてゆく「教育社会」が個性豊かな江戸思想を生んだ。〈学び〉と〈メディア〉からみわたす思想史入門。

(2021. 12)